古書院御輿寄

中公文庫

桂　離　宮

様式の背後を探る

和辻哲郎

中央公論新社

桂離宮 目次

改訂版序

先年嶋中君のすすめに従って桂離宮のことを書き始めた時には、わたくしはただ桂離宮の古い印象を書き留めて置きたいと考えただけであったがその際参考のために藤島亥次郎氏の『桂離宮』（昭和十九年）や堀口捨己氏の『桂離宮』（昭和二十七年）などを読んで、いろいろなことを教わると共に、またいろいろな問題に気づいたのであった。中でも桂離宮の様式の問題は、強くわたくしの心を捕えたように思う。というのは、この建築は日光廟と時を同じくして製作されたものであるが、その日光廟と桂離宮とは、同時代の建築として同じ時代的様式を示しているどころか、およそ建築として考えられる限りの最も極端な反対様式を示しているように見える。日光廟はあらゆる技術を悉く注ぎ込んで装飾に装飾を重ねたもの、言いかえればこれでもかこれでもかというように飽くことなく美を積み重ねることによって最上の美が作り出せると考えた態度によって作られたものであるが、桂離宮はちょうどその反対に、出来るだけ装飾を捨て、出来るだけ形を簡素にすることによって、反って最上の美が現われるとする態度によって作られたものである。従って日光廟を「結構」とか「美しい」とかと感ずるような人々の間から桂離宮のようなものは生れて来ないであろうし、桂離宮を美しいと感ずるような人々の間では、日光廟のようなものは到底作る気持になれなかったであろう。それほどに異なった二つの様式が、同じ時代に、しかも接触がなかったとも思えない人々の間に、出現したということは、一体何を意味するのであろうか。廟建築と住宅建築との相違とか、書院造と数寄屋造との相違とかということで、十分説明がつくのであろうか。その点がどうもわたくしには理解が出来なかった。日光廟を美しいと感じた人たちは、住宅を美しくしたいと思う時には、やはりその様式を使っているように見える。茶室はそういう様式に対する否定の立場を示しているのであろうか。しかしそういう否定の中から桂離宮に示されているような形式感覚を生み出して来たのは一体誰であるか。一体当時の武家の中に、眼前で行われている日光廟の製作に対して、否定の態度を執り得るような人がいたのであるか。

わたくしは頻りにそういうことを考えているうちに、堀口氏に教わって森蘊《おさむ》氏の『桂離宮』（昭和二十六年）を読み、そこに引用せられている古文書に心をひかれた。その後間もなく同氏は『桂離宮の研究』（昭和三十年）を刊行され、それらの史料をその他の実地調査の資料と共に詳しく紹介された。わたくしはそれを読んで、日光廟のような様式を否定し、その否定を様式として作り出すような人々がここにいたのだという印象を受け、それを「製作過程の考察」としてまとめて見たのであった。

ところでその後、東京大学工学部建築学科と関係のある『建築史研究』24に、太田博太郎教授が、まことに懇切な態度を以てこの「製作過程の考察」に含まれている誤謬を指摘された。この批判は非常に明快犀利で、わたくしとしては全面的に首肯するほかないものであった。で今回、改訂の機会を与えられたに際して、太田教授の意見を全面的に取り入れ、「製作過程の考察」としてではなく、「様式の背後を探る」一つの試みとして、それぞれ必要な箇所を書き改めた。わたくしはそれによって、右にあげたような、同時代における二つの正反対の様式の対立の問題について、いくらかでも解決を促進することが出来れば、幸であると思う。

今回もまた写真については渡辺義雄氏の、改版については高梨茂氏の好意を受けた。また新しく敷地図及び平面図を挿入するについては堀口捨己氏の好意を受けた。記して感謝の意を表する。

昭和三十三年八月

著　者

桂離宮——様式の背後を探る

一　桂離宮の位置

桂離宮は今では新京阪電鉄の沿線にあって、西京極の野球場と桂川を距てて相対し、大変便利な場所になっているが、わたくしのしばしば訪れた頃には、自動車でも使うほかには交通の便がなく、京都の数ある名所のうちでは最も不便なところという印象を与えていた。どうしてそういう風に感じたかは好くは解らない。七条の停車場のあたりから七条通りを真直に西へ行けば、一里位で桂の対岸の川勝寺へ出る筈である。大原や鞍馬などよりはずっと近い。それを非常に不便に感じたのは、京都の西の郊外の、じめじめした湿地や、ごたごたした狭い街道を、やっと通り抜けて行く不愉快さのためであったかも知れない。そういう不愉快さは嵐山の方から廻って行けば経験しないで済んだ。渡月橋を南へ渡って、山裾の道を松尾神社の前へ出、更に少しく南へ下ると、苔で有名な西芳寺へ入る道のところへくる。そこまで嵐山から半里位あるが、そこから分れて上桂の方へ入って行くと、下桂の離宮までは、また半里位ある。松尾神社あたりから桂川の堤防を伝って行くことも出来る。これらの道は眺めもよく、中々気持がよい。しかし京都から嵐山を廻って行ったとなると、全体としてはかなりの遠路になるであろう。それらの事情が桂離宮を不便な場所と感じさせたのだと思われる。

そういう情況の下に初めて桂離宮を訪れた時には、どうしてこの離宮がこういう場所に作られたかということを、先ず問題として考えそうなものであったが、実はわたくしはその問題を全然意識しなかった。中へ入って見ると、鬱蒼とした樹立が外界からこの庭を切り離してしまう。その庭の姿や、その中に建てられた建築が、強くわれわれの心を捕える。そうなると、この庭園や建築を外の世界との関係において考えて見るという余裕は、中々出て来ないのである。だからわたくしにとっては、そういう問題を意識し始めたのは、この庭や建物に幾度も接して、もはやそれを珍らしく感じなくなった頃、多分もう新京阪電鉄の電車の響が間近に聞えるようになった頃であったかと思われる。しかもそれは離宮拝観に出た機会にではなくして、全く偶然に起ったことなのである。

ある時わたくしは京都の停車場で下りの列車に乗った。発車後数分、何気なく窓外を眺めていたわたくしの眼に、どうやら桂離宮の樹立と思われるものが映って来た。列車はちょうど桂川の鉄橋の上を走っていて、上流の見晴らしが好く、十町ほどの先に、見覚えのある樹立が見えたのである。驚いてよく見定めようとしているうちに、直ぐまた見えなくなってしまったが、しかしこの東海道線の汽車の窓から桂離宮が見えるということは、これまでわたくしの意識にはなかったことなので、この時わたくしは一つのショックを感じた。この汽車の窓から桂離宮が見えるとすると、わたくしはもう幾度となく桂離宮をわたくしの肉眼で見ていたことになる。わたくしは永い間それに気づかずにいた。桂離宮を知らなかった間は勿論のことであるが、それを知りその比類のない美しさに打たれた後にも、依然として気づかずにいたのである。ところで一度それに気づいて見ると、この桂離宮のある場所が、わたくしにとって前々から非常に意味のある場所であったということも、同時に明かになって来たのである。というのは、わたくしが少年の頃初めて京都を訪れて以来、もう半世紀に近い間、この桂川あたりの車窓から眺めるのを常としたのは、桂離宮の樹立ではなくして、京都盆地特有の山並の姿だったのである。

東海道線の汽車で西から京都へ入った人たちは、多分同感せられることと思うが、摂津の平野を突き抜けて来た汽車が山崎の鼻を超えたあたりで、急に窓外の風景の調子が変るように思われる。山崎のあたりで竹藪が多く、その中を汽車が走るというようなことも、幾分関係しているかも知れない。やがて汽車が天王山や長岡天神などの下を通って向日町あたりへ来ると、つい先程まで見ていた摂津の平野とはまるで調子の違った京、、、都盆地の風景が、はっきりと姿を現わしてくる。これは初めて接するものには非常に印象の深い風景であるが、馴れた後にでもその特殊な印象が感ぜられなくなるということはない。京都に住んでいるものは、この風景に接すると、おのれの土地へ帰ったということを強く感ずる。そういう特性をもった風景が、汽車の桂川鉄橋を渡る頃に、はっきりと車窓の人の眼に入ってくるのである。

そういう風景がわたくしにとっては京都盆地の第一印象であり、また桂川と結びついた風景でもあった。それは京都盆地を取り巻く山並の姿であり、その中心をなすものは東北の隅に聳えている比叡山である。そこから出て、京都盆地の東側を限っているのは、大文字山から東山の峰々へと続いている、屏風のように切立った山々である。それに比べると、比叡山から西の方へ、京都盆地の北側を限っている山々は、ずっとなだらかな、丸味を帯びた低い山々で、それらが町からずっと北の方へ遠のき、いくつもいくつも重なって八瀬大原や鞍馬の方へ続いているのである。がそういう山々の並びを西の方へ賀茂から鷹ヶ峰あたりまで辿って行くと、そこから急に山々が南の方へのり出してくる。衣笠山など、金閣寺から仁和寺あたりへかけての山々である。これらは京都の町へずっと近くなり、そうしてそのなだらかな、愛らしい形によって、東山と顕著な対照をなす故であろう、町からは西山と呼ばれている。しかし京都盆地にとっては、依然として北側の障壁になっている。特に桂離宮にとっては、これらの山々がちょうど真北に当っている。北側の障壁は、ここらから段々高くなって、高雄山となり、更に西へ愛宕山へと続いて行く。愛宕山は京都盆地の西北の隅に、比叡山に劣らない威厳を以て聳えている。

京都盆地はこの比叡山と愛宕山とによって守られている、という感じがしないでもない。

以上のような東側と北側との山並に比べて、京都盆地の西側の山並は、あまり人眼をひくものがない。愛宕山から小倉山や嵐山あたりまでは、むしろ北側の山並に属して居り、それから南の方は、一向に名の聞えない山々である。東山から京都盆地を超えて西の方を眺める時には、これらの山並も相当に高く見える。また実際に東山の峯々よりは高いらしい。しかし東山が切り立っているのに対して、この西側の山並は、東山と同じほどの高さが東山の三倍或はそれ以上の長さの斜面となって桂川の流域の方へゆるやかに下って来ているのである。だから桂川のほとりから眺める時には、東山からの遠望と違って、あまり山並らしい山並には見えないのである。況んやこの盆地の南側は、巨椋池から木津川の流域なのであるから、山並らしい山並は存しない。従って、京都盆地を取巻く山並の姿というような言い廻しを使っても、実際は比叡山を中心とした東側及び北側の山並を主として念頭に置いているのであって、厳密に四周の山並を指しているのではない。ということは、京都盆地の西南隅に立って、東北を眺めた景色を、この盆地の代表的な姿と考えている、ということにほかならない。

わたくしはこの景色を京都盆地の代表的な姿と見るのであるが、それは山々の形をただ空間的な形としてだけ取扱っているのではない。西から京都盆地へ入ってくる場合に、山崎を超えたあたりで急に景色の調子が変ってくるという経験には、もっといろいろな契機が含まれていると思う。その中では、京都盆地の山々が示している緑の色調などが、最も有力に働いているかも知れない。その緑を担っている樹々の枝ぶりも勿論関係しているであろうが、数里の遠方から見た山々の色調が問題となる場合には、枝ぶりは色調のニュアンスの中に融け込んでいるであろう。ところでこういう緑の色とか枝ぶりとかに直接関係のある問題は、この盆地の湿気の工合である。この盆地は、瀬戸内海から琵琶湖の方へぬける雲の通り路、即ち湿気の通り路で、それがちょうどこの盆地の東側や北側の山並に支えられて、そこへ独特な度合の湿気を落して行くといわれている。その度合が植物にとってよほど工合のよい度合であるらしく、この山並の樹木には、特殊な美しさを持った色調や枝ぶりが見られる。近くで見れば勿論よく解るが、そのよさは、山々の遠望のうちにさえも現われてくるのである。

そうなると、京都盆地の西南の隅に立って東側及び北側の山並を眺めるということは、京都盆地の最も優れた美しさを賞美するということにもなるのである。随って数々の京都名所や、そこからの京都盆地の眺め、例えば清水の観音堂あたりの土地が代表している東山からの眺め、或は鷹ヶ峰光悦寺あたりの土地が代表している北山からの眺め、或は修学院離宮の示しているような比叡山の方角からの眺め、という風なものを差し措いて、それらの反対の方向へ最も遠のいた桂川畔に土地を選び、そこに別荘を建てるということは、かなり眼の利いたしわざだといわなくてはならない。

この位置の選定には果してそういう意味が含まれているであろうか。

森蘊《おさむ》氏は『桂離宮の研究』において、桂離宮の敷地がもと藤原の道長や忠通の別荘を営んだ場所であることを推定している。初代八条宮がただその因縁によってこの土地を選んだのだとすると、この位置の選定の問題は、六七百年ほど昔へ押し戻されることになる。しかし八条宮がただこの因縁だけでこの地を選んだのであるか、或はそれ以外にこの土地に引きつけられる理由があったのであるかは、そう簡単にはきめられないと思う。

藤原氏盛時の別荘ということを別にしても、この桂の地が八条宮と結びつく因縁は、少くとも二条はあると思われる。八条宮の伝記的な記述はあとに譲るが、この土地の選定ということだけに視点を限って考えて見ると、その一条は八条宮と細川幽斎との関係であり、他の一条は八条宮妃との関係である。細川幽斎は八条宮の歌道の師匠であって、関ヶ原役の時に古今伝授を八条宮に伝えた人であるが、若い頃、初めて織田信長と接触し、その配下に附いた時には、「桂川の西地」を所領として貰い、その領地の名を取って長岡藤孝と名のった。信長が覇権を確立して行くために、幾度も京都へ出入していた間中、この長岡藤孝は京都の西の押えとして活躍していたわけである。その功によって、信長の横死の前年に、藤孝は丹後を領地として貰った。幽斎と号したのは、信長の横死の後である。が丹後の領主となってからも、京都へ出てくる時には、丹波の方から山越しにこの元の領地へ出て来たわけであって、今のように保津川添いに嵐山のそばへ出て来たりなどしたわけではない。恐らく藤原時代でもそうであろうが、山陰道は今の桂離宮のそばを通って、西の山の中へ入り、西北に向って老坂を超えて、丹波の亀岡へ出たのである。だから、古今伝授に関して幽斎が八条宮に寄越した使も、またその伝授の品を受け取りに八条宮の派した使も、皆この丹波街道を往来したのであった。つまり、八条宮と細川幽斎との関係が濃厚であればあるほど、八条宮とこの「桂川の西地」ともまた関係が深いわけなのである。

八条宮妃は、細川氏のあとを受けて丹後の領主となった京極高知の女である。八条宮は右の山陰道を通って丹後へ赴いた時に初めてこの京極常子と相知ったのであるが、京極常子もまたこの山陰道を通って京都に入り、桂川のほとりで京都盆地の風景の第一印象を受けたわけである。尤も京極高知が丹後の領主となったのは慶長五年の関ヶ原役の後であって、それまでは信州伊奈の領主だったのであるから、常子の生れたのは伊奈であり、初めて京都へ入ったのは東の方からであったかも知れない。しかし物心がついて以後に、或は八条宮に嫁ぐ前十五年の間に、常子が京都へ来たことがあるとすれば、それはこの丹波街道からであったことは疑いがない。八条宮への輿入れの場合は勿論そうである。だから八条宮妃にとっては、今の桂離宮あたりからの京都盆地の景色が、特別の意味を持っていた筈なのである。わたくしはその同じ景色を、「東海道線」の汽車の窓から眺めて、それを京都盆地の第一印象として受取ったために、幸か不幸かこの問題に関しては「東海道」と「山陰道」との混線に陥っているのであるが、しかしそれはわれわれの時代の共通の運命であって、わたくし個人の錯誤というわけではあるまい。昔大阪の方から京都へ入る最も大きい交通路は淀川であった。それは山崎から右へ曲って、淀、伏見の方へ出る。だから京都へは、真南の低湿地の中を、鳥羽街道などを通って、入って行くことになる。これは今でも大体京阪電車の通路となっているのであるから、交通路として廃ってしまったというわけではないが、しかしこの路筋を通って京都へ入る場合に、京都盆地の鮮やかな第一印象を受けるということは、まずまず不可能であろうと思う。それは淀や伏見が桂よりも二里位南へ下っていて、京都の町の東や西の山々から少し離れ過ぎているからである。衣笠山や嵐山は、桂へは一里ほどであるが、淀や伏見からは三里以上距っている。比叡山は桂へは三里位であるが、淀や伏見へは四五里以上あるであろう。東山だけは、桂へ二里位であるに対して、淀へ三里、伏見へは二里強という程度に過ぎないが、しかし眺める角度が非常に異なっている。いずれにしても、桂あたりで見るようなあの整った山並の美しさは、淀、伏見あたりでは見るわけに行かないのである。つまり、大阪の方から京都へ入る場合に持つことの出来なかったような京都盆地の眺めが、山陰道から京都へ入る場合には、一歩京都の盆地へ踏み込むと共に、鮮やかに眼の前に展開したのである。これは八条宮妃にとって決して軽い意味のことではないであろう。

こういう風にして八条宮と桂川の西地との間には二条のつながりがあったわけであるが、それに加えてこの土地は、慶長の末か元和の初め頃に、八条宮の領地になっているのである。その明かな証拠は、森蘊氏（『桂離宮の研究』二頁）の引用している将軍知行朱印状である。

目録

一九百六拾七石三斗余　山城国　川勝寺村

一千百拾弐石五斗余　同　下桂村

一参百拾壱石五斗余　同　徳大寺村

一五石　徳大寺村之内　夙村

一百六拾三石余　同　御陵村

一四百四拾七石弐斗余　同　開田村

合参千六石六斗余

此外山林竹木河之物成渡船等在之

右如先々可有全御知行之状如件

元和三年九月十一日　　秀　忠（花押）

八　条　殿

とある。八条宮の知行のことはあとで詳しくのべるが、ここで必要なのは、川勝寺、下桂、徳大寺等の諸村が八条宮の領地になったということである。元和三年にそれらが領地になっていたことは右の朱印状で明かであるが、それは何時頃からであるか。これらは丹波にあった領地の替地として八条宮の所領となったのだそうであるが、その領地替は何時のことであったか。それをはっきりさせる文書は残っていないらしい。しかし八条宮の日記『智仁親王御記』の元和二年六月二十七日の条に、

六月廿七日川勝寺ニ瓜見。桂川ニ逍遥。連歌衆乱舞衆同道。

と書かれているのは、一年前の元和二年にすでに川勝寺が八条宮の領地であった証拠であろうと見られている。この元和二年の十一月に八条宮妃の輿入があったのであるから、この事件はその四箇月ほど前のことである。その頃に八条宮が、この桂の土地とどういう関係にあったかということが、この日記の記事によって非常にはっきりと示されているのである。

川勝寺村は桂離宮の川東にあって、今西京極野球場のあるのはその地内である。桂離宮寄りの対岸には今でも河原町という地名が残っている。もと桂川の河原で、それが開墾されて畑になり、その開墾地らしい様子の消え失せていない畑地に瓜が作られていたであろうことは、ほぼ想像のつくところである。そういう畑地へ八条宮は、連歌衆や乱舞衆をつれて「瓜見」に行き、そうして「桂川に逍遥」されたのである。そうして直ぐその対岸に、後に桂離宮となった場所があったにかかわらず、下桂の方へ渡ったということは一語も記されていないのである。これは必ずしも八条宮が「藤原氏盛時の別荘の遺跡」ということを知っていられなかったということの証拠ではない。知っていても、それへの関心が、「瓜見」や「桂川逍遥」ほど強くはなかったのであろう。

「瓜見」はどういう行事か、わたくしは知らないが、瓜の熟する頃に行われる、祭めいた気分のものであろう。連歌衆や乱舞衆を同道されたということには、その趣が現われているように思われる。随ってこの一行が桂川に逍遥されたのは当然のことである。その機会に、川勝寺などの桂川添いの土地が八条宮の興味をひいたのは、真夏の頃に人を楽しませる川の流れがそこにあったということと、その河原から眺めた京都盆地の真夏の風景がいかにも素晴らしいものであったということとのためであったであろう。前にも言ったように、この風景の特殊な美しさは、山々の持つ緑の色調に基くと思われるが、もしそうであるとすれば、この美しさが最もあらわに現われてくるのは、夏の季節、特に盛夏の頃でなくてはならない。だから八条宮が、春の花見や秋の紅葉狩にではなくして、まさに真夏の瓜見にこの土地を訪れたということは、いかにも尤もなのである。そう考えると、ここに六月廿七日という日附の現われているのが、決して偶然でないことが解る。やがて桂別業に関しては、六月十八日とか、七月四日とかという日附が、重大な意味を以て現われてくるであろう。これは旧暦の盂蘭盆から十日とか二十日とか前あたりの頃、太陽暦でいうと大体において七月後半に当る頃なのである。ところでその七月後半は、京都の夏の最も暑い頃だといってよい。八月の声をきくと、どんなに暑い日が続くにしても、もう少しずつ秋を感ずることが出来る。これは日本の他の地方に比べて、十日或は半月程、気候がずれていることを意味するかも知れない。その原因は多分京都盆地の大気の情況にあるであろう。こういう事情のためにわたくしは、京都では小学校の夏休みが、夏の最も暑い時期を過ぎてから始まる、という印象を受けた。同時に、祇園祭というものが、ちょうどこの暑い絶頂において、市民にかなり長い夏休みを与えるように出来ていることに、ひどく感服したものである。そういうことを考え合わせると、六月廿七日の瓜見ということは、かなり示唆するところが多いのである。

右の瓜見の記事は川勝寺をいうのみであって下桂村にふれていないのであるが、森蘊氏によると、同じ日記の六月廿九日の条には、とあるそうである。これには「瓜見」という言葉はなく、その代り前々日の記事になかった「桂」という言葉が現われてくる。この女御は後陽成院の女御、近衛前子で、八条宮の兄嫁に当る。それが八条宮の日記に現われるということは、八条宮が案内に立たれたか、或はおのれの意を受けたものに案内せしめられたかを意味するであろう。でなくとも、少くともこの女御の御成が、八条宮のすすめに従われたものであることを、示唆しているであろう。では八条宮は、何故に女御を川勝寺や桂へ御成になるように勧誘されたのであろうか、或は更に積極的にそこへ案内されたのであろうか。これはどうやら桂の地に藤原氏盛時の別荘の遺跡があったこと、及び女御が近衛家の出として藤原氏の後裔の中の先頭に立っていられたこと、などに基くらしい。元亀天正から慶長へかけての頃、近衛家から出た人物は、前には秀吉を猶子にした近衛前久（龍山）があり、後にはその子近衛信尹（三藐院）があるが、近衛前子はその前久の子、信尹の妹であって、女御となって後、後水尾天皇その他多くの皇子を生み、その一人を信尹の養子として近衛家をつがせられた。近衛信尋がそれである。そうなると、元和二年には、この女御は、時の御門後水尾天皇の御母であると共に、また藤原氏後裔の先頭に立つ近衛家当主の実母でもあったわけである。そういう方が川勝寺と桂とを訪れられたとなると、それが瓜見ばかりでなく、藤原氏盛時の別荘の遺跡と関係のある問題だということは、どうも推測せざるを得ないように思われる。下桂庄は天文年間にはまだ近衛家の領地であったらしいが、その後どうなったかは明かでない。元亀天正の頃、京都は武力による争奪の的となったのであるから、「桂川の西地」、天王山の北側の土地が、安穏に公家の手に残っていた筈はないであろう。随って「桂川の西地」が長岡藤孝（細川幽斎）の領地となったということは、それが近衛家の手から離れていたことの明白な証拠だといってよい。その下桂庄が、元和二年には、多分八条宮の領地となっていたのである。それが近衛家にとって非常に意味深いことであればこそ、近衛家の出である女御がそこを見に行かれたのであろう。

そういう風に考えて行くと、この下桂村が八条宮の領地となったのは、元和二年の六月からあまり遠く距った時期のことではないということになる。多分この夏が、領地となって後の最初の夏であったかも知れない。つまり八条宮にとっては、下桂村が領地になったということと、丹後領主京極高知の女常子を娶ったということとは、時期的にも極めて接近しているのである。

ところで元和二年の八条宮の日記に右のようにはっきりと出ている川勝寺や桂のことが、その後数年の間は一向出て来ないらしい。それについで通例引用されているのは、

四年後の元和六年六月十八日の条である。そこには、

下桂茶屋普請スル。度々客アリ。

と記されているのだそうである。これは桂離宮の建築に聯関した最初の記録として非常に重要視されているものであるが、しかしその意味するところはあまり明白だとはいえない。第一これは、下桂に茶屋の建築を開始したという意味ではないかも知れぬ。この日に建築が開始されたのであるならば、それを「普請スル」といい現わすことは妥当ではない。況んやそういう場で度々客を受けるということは不可能である。随ってこの「普請スル」といういい現わしは、五日か十日で出来るような手軽な工事をやったということを意味しているのかも知れない。そうであるならば、「下桂の茶屋」はすでに存在していて、八条宮がそこへ行って、修繕か改造か、何か一部分の工事を指揮したのである。それならばこの茶屋へ「度々の客」を受けつつ、悠然として「普請スル」ことも出来るわけである。もしこの解釈が当っているとすると、日記に桂に関する記事の現われていないこの四年の間に、下桂に茶屋が建てられていたことになる。もしこの茶屋をも桂の別業と呼ぶとすれば、「桂の別業」は元和六年よりも前にすでにあったことになる。

ところで八条宮の書簡の中に、やはり桂の茶屋に関したもので、

来月四日、下桂瓜畠之かろき茶やへ、陽明御成に候。然ハ、暑時分、遠路いかがながら、四辻中納言、飛鳥井中将、御供に御成候はば、可為祝着旨、御伝頼候。御手前(其許)勿論御出に而、万事御取持頼入候。

というのがあるそうである。この書簡には年月が明記されていないので、同じ元和六年のものかどうか、はっきりしない。これがもし同じ年の七月四日のものであるならば、ここでは前に「下桂茶屋」と記されたものが「下桂瓜畠のかろき茶屋」といいかえられているだけで、同じ茶屋を指すように見える。ここに陽明と呼ばれているのは、前に言及した女御の実子近衛信尋である。四年前に女御が桂について特別の関心を示されたことを思うと、ここへ信尋が招かれることは、いかにも自然であるが、しかしこの茶屋は、「瓜畑のかろき茶屋」なのであるから、信尋を招待するためには少しく「普請」をしなくてはならない。その普請を八条宮が、半月前の六月十八日から始めたのだとすれば、理屈は合ってくる。

しかし「下桂茶屋普請スル」という日記の文句が、現在の桂離宮の建築の開始を意味すると見る立場からいえば、この書簡をもっと前のものと見ることも出来る。即ち、

「下桂瓜畑のかろき茶屋」なるものはすでに何年か前から建っていて、そこへ近衛信尋を招待したりなどしていたのであるが、元和六年六月十八日には、何か特別の理由があって、現在桂離宮と呼ばれているあの建築に着手することを決定したのであろう。その場合には、日記に「下桂茶屋」というのと、書簡に「下桂瓜畑のかろき茶屋」とあるのとは、全然別の建物である。

いずれであるにしてもわれわれは、「下桂瓜畑のかろき茶屋」という言い現わしのうちに、八条宮が最初桂の地に着目してそこに別荘を建てられた時の意図を、看取し得るであろう。八条宮は最初川勝寺に「瓜見」に来られたのである。それは前に言ったように、桂川のほとりの平坦な畑地において京都盆地の夏の風景を賞美し、そうして桂川の流れと或接触を持つことであった。それを思うと、「瓜畠のかろき茶屋」が、同じように京都盆地の夏の風景や桂川の流れと関係を持つものであることは、いうまでもないであろう。否、その点においては、桂川西岸の下桂村は、東岸の川勝寺村よりも、一層有利な位置にあったといえる。何故なら、川勝寺村の瓜畑から、比叡山を初め東山西山の山々を眺める時には、桂川は背後にあることになって、眺めの中に入るわけに行かない。然るに対岸下桂村の瓜畑から同じ風景を眺める時には、瓜畑のすぐ向うに桂川の河原と水の流れとが広々と展開し、それを超えて遥か向うに比叡山を初め山々が並んでいることになる。特に、西山の見える北の方向は、ちょうど桂川を縦に上流の方へ十四五町も眺め渡すことになるのであるから、眺望としては申分のない条件が揃っていることになる。川勝寺の瓜畑に興味を持たれた八条宮が、やがて間もなく対岸下桂村の瓜畑の方に興味を移し、そうしてそこに「かろき茶屋」を作られたということは、いかにも当然のことのように思われる。

　その「かろき茶屋」の建てられた場所がどこであったかは、まだ定説はないようであるが、『桂御別業之記』にはその場所を「御幸門より北、池田の西、藪の内」と推定しているそうである。これは現在の桂離宮の北端に当る場所であって、桂川の堤防添いの畑地に最も近い。多分そういう場所で、実際に瓜畑があり、そうしてその瓜畑越しの桂川の眺めや桂川越しの山並の眺めの素晴らしいところに、実際にかろき茶屋が建てられたのであろう。そういう畑地が「瓜畑」となるのは勿論夏のことであるから、この「瓜畑のかろき茶屋」が夏の別荘として建てられたことも疑のないところであろう。

　そうなるとわれわれは比較的容易にこの茶屋の姿を念頭に浮べることが出来る。その頃今の離宮の敷地がどういう姿であったかはあとで考えることにして、それよりやや北に寄った桂川添いの畑地のはずれ、桂川の堤防からあまり距っていないところに、桂川の河原を望んで、多分その土地の田舎家と同じような恰好をした、同じような大きさの家が建てられたのであろう。「かろき茶屋」といわれる所以は、この建物の格とか取扱いとかが軽いという点にあって実際上の大きさや量の上にはないであろう。下桂村の普通の農夫が普通に建て得るような建築、つまり村の大工に委せて置いても軽々と出来上って行くような建物、それが「かろき茶屋」という言葉の意味であろう。そういう田舎家が、打ちつづく瓜畑の一端に、その瓜畑の眺めをそのまま庭として使いつつ、その瓜畑越しに桂川の眺めを、更にその桂川越しに京都盆地の山々の姿を、眺め得るように、言いかえれば京都盆地の夏の風景を満喫し得るような風に、建てられていたのであろう。そう考えると、「瓜畑のかろき茶屋」という言葉は、この鄙びた夏の別荘の特徴を非常によく言い現わしたものといわなくてはならない。八条宮が最初桂の地に着目された所以は、ここにはっきりと示されているのである。

　そういう夏の別荘が、元和三年から元和六年に至るまでの間に、すでに作られていた。そうしてその時に、八条宮の桂離宮の位置の選定が、すでになされたのである。

　元和六年の六月十八日には、八条宮はこの下桂瓜畑のかろき茶屋に手入れをして、近衛信尋を招待する準備をしたのであったか、或はまたこの「かろき茶屋」と別途に、「下桂茶屋」と呼ばれるものの普請を決定したのであったか、いずれであるかはまだ解らないとして、一体その六月十八日という日は何を意味するであろうか。それを知るためには一通り八条宮とその周囲のことを知っていなくてはならない。それはまた桂離宮の創始者八条宮が、この別業を営むに至った事情を知ることにもなるであろう。

二　桂離宮の創始者八条宮とその周囲

桂離宮は明治十六年に、桂宮家の絶家に伴って、離宮になったのであって、それまでは桂宮家の別荘であった。その桂宮というのは、天正の末に八条宮として始まり、元禄の頃に京極宮と改称し、文化の頃に桂宮となったのであって、絶家まで十一代続いたのだそうである。しかしここに問題となっている桂離宮の造営は、八条宮家の桂別業として、初代智仁《としひと》親王（後陽成天皇御弟）と第二代智忠《としただ》親王とによってなされたのであった。特に初代八条宮は、創始者として注目されなくてはならぬ。

初代八条宮がどういう人物であったかを知るためには、一通りその時代の政治的情勢や皇室の境遇を知っていなくてはなるまい。御兄の後陽成天皇は、天正十四年（一五八六）に即位されたのであるが、それは織田信長が本能寺で横死してから四年の後であった。四年は僅かな年月のようであるが、この時の四年は内容が極めて豊富である。信長の事業をひきついだ秀吉は、この間に日本全国の統一の仕事を、ほぼ先の見当がつくほどにまで、鮮やかに仕上げて行ったのである。だから、後陽成天皇即位の頃には、秀吉はもう関白になっていた。豪華を極めた聚楽第の造営も、すでに始められていた。その秀吉を太政大臣にして、豊臣朝臣の姓を賜わったのは、後陽成天皇即位後間もなくのことである。そういう点に注目していえば、後陽成天皇の在位の時代は、尾張の百姓の子に人臣としての最高の名誉を与えることで始まっているといってもよいのである。

　このことは伝統を非常に重んじていた朝廷としては全く未曽有の出来事であるが、しかし信長の思い切った伝統破壊の仕事や、その信長の歿後四年の間に秀吉のやった数々の目ざましい仕事を見て来た人々は、もはやこういう異例の措置に不穏当なものを感じ取るような感覚から解放されていたろうと思われる。そうして特にそれが秀吉に対する好遇として流れ出て来たのは、信長の伝統破壊の態度がいかに公卿たちの心胆を寒からしめたかを語るものであろう。信長の皇室に対する同情のある態度も、この恐怖を和げる力は持たなかったらしい。だから秀吉が伝統の復興に力を入れ始めたことは、公卿たちに非常な印象を与えたのであろう。つまり秀吉の伝統愛護の態度が、彼自身に関する限りの、身分的な伝統の徹底的な破壊を、容易ならしめたのであろう。

　後陽成天皇即位の際に宮廷の人々の持っていた予想は、少しも外れなかった。秀吉は翌天正十五年に九州の島津を征伐して、箱根以西の日本を平定した。豪奢な聚楽第も竣工した。そこで、天正十六年四月には、この聚楽第に後陽成天皇の行幸を仰ぎ、皇室や公卿たちに対して惜しみなく富を分った。これは或る意味では秀吉の最も得意な時期であったかも知れない。というのは、日本全国平定の仕事は、あとにまだ小田原征伐を残してはいるが、しかし秀吉の運命は、ここで八分目まで花を開いたわけで、最も豊かな感じを与えるのである。尾張の百姓の子に人臣としての最高の名誉を与えた後陽成天皇の態度は、僅かに一年半の後に、このような豪華な饗宴によって報いられたのであった。『太閤記』がこの豪華な饗宴を描く態度のうちにも、この饗宴を秀吉の運命の絶頂と認めているらしい節がある。行列の次第とか、御配膳の衆とか、奏楽の目録とか、あまり意味のなさそうなことを丹念に記して行く態度なども、その一つであろう。ところでこの時の天皇の御供のうちには、国母の准后と女御のほかに、数多くの公卿たちや女官たちが数えられているが、皇弟の中からはただ一人六宮古佐丸が加わっているだけである。そうしてそれが配膳の場合には天皇の側に、和歌の詠進の場合には先頭の関白豊臣秀吉のすぐ次に、記されているのである。これは気をつけて読むものにはよほど目立つ点だと思われる。

この古佐丸（または胡佐麿）は、当時まだ十歳であったが、秀吉はこの皇弟を乞うて養子に迎えたのである。これは秀吉が得意の絶頂にいたことの一つの現われとも見られるであろうが、しかし秀吉ほどの人がおのれの後嗣として選び、そうしてそれを天下の代表的の人々の前に見せびらかすようなことをしたのであるから、この十歳の皇弟の人柄には、秀吉を惚れ込ませるような、よほど優れた点があったと見なくてはならない。

　秀吉はこの思いつきを僅か二年後の天正十七年の末にやめた。これはその年に秀吉の実子鶴松が生れたためであったらしい。で胡佐麿は十二歳で八条宮智仁親王となられた。秀吉はこの宮に三千石の知行をつけたが、それは聚楽第行幸の時からで、八条宮創設のためではなかろうとのことである。こうして八条宮は秀吉の運命圏から離れられたが、もしこういう偶然の出来事がなく、秀吉の初志通り胡佐麿王子が秀吉の後嗣となっていたならば、どういうことになったであろうか。右に言った鶴松は天正十九年に夭折したので、秀吉は甥の秀次を養子として関白を嗣がせた。然るにその二年後の文禄二年に、また実子秀頼が生れた。多分それと関係のある問題であろうが、その後二年の間に、漸次秀次は自殺の方へ押しつけられて行った。胡佐麿王子が秀次の立場にあった場合には、自殺にはならなかったであろうが、しかし似寄りの運命は脱がれなかったかも知れぬ。そう考えて行けば、すでに天正十七八年の頃に八条宮が秀吉から離れられたことは、非常に運のよい出来事であったといえるかも知れない。

　しかしそれにしても八条宮と秀吉との縁は決して軽くはない。だから『桂御別業之記』が伝えているように、桂離宮は天正の末つかた豊臣太閤が小堀遠州に命じて作らせたという伝説が生じてくるのも、満更故なきことではない。秀吉の歿した慶長三年（一五九八）には智仁親王は数え年二十歳であったから、聚楽第行幸の時から十年になる。

たとい直接の接触はなかったにしても、その年頃にこの傑出した人物の行動を特別の立場から見まもっていたことは、八条宮の生涯にとって影響するところが少くないであろう。特にその人物が、政治的軍事的に傑出していただけでなく、建築、絵画、茶道など、桃山時代の芸術の爆発的な開花と密接な関係を持っていることを考えると、この点は重要だと思われる。

が、八条宮の教養の上に主として影響を与えたのは、後陽成天皇とその宮廷であろう。天皇はかなり高い教養を身につけられた方で、当時の政治的情勢に従い朝儀の復興に関心を持たれたのみならず、室町時代以来教養の準拠となっていた源氏物語や伊勢物語や古い和歌については、みずから講義せられるほどに通じていられたという。しかしそれよりももっと注意すべきは、文禄から慶長へかけての頃に、種々の古典の勅版を刊行されたことである。これは天皇が当時の教養人の中で比類の少い洞察力を持っていられたことの証拠であろう。今では、ヨーロッパの近世を押し出して来た力の一つが印刷術の発達であったということは、一般の常識となっているが、秀吉の朝鮮出兵の頃にすでにその事を看破して、率先して活字による古典の復刻に着手せられたことは、非凡な着眼だといわなくてはならない。尤も、日本の印刷術の歴史においては、この活字による印刷は西洋の場合のように能率を発揮することが出来なかった。銅の活字はひどく高価についたであろうし、木の活字は磨滅が早かったであろうから、そういう活字を製作する手間でいきなり整版を彫ることが出来たであろう。そういう関係で、活版よりも整版の方が能率がよいということを、やがて人々はおのずから悟って来た。だからそのうちに活版は止《や》まって、木版といえば整版のことになってしまったのであるが、しかし文禄慶長の頃にはまだそういう結果は判らず、活字に対する驚嘆の念が支配的であったので、活版によって印刷術が急激に進むであろうと考えるのも無理ではなかった。そういう印刷術の発達によって古典を普及しようという意図においては、家康はむしろ勅版に追随したのであった。

　この勅版刊行の仕事は、丁度八条宮智仁親王の十四五歳から二十一二歳の頃が真盛りであった。従ってそういう活潑な精神的雰囲気が智仁親王に与えた影響も並々でないものがあったであろう。そうしてこの時にも、天皇の周囲において特に天皇の眼を引いたのは、八条宮だったのである。それを示しているのは、秀吉歿後二箇月にして起った、後陽成天皇の譲位を申出られた事件であろう。天皇は病気を理由として譲位のことを云い出されたのであるが、しかしその時に後嗣として提議されたのが、外ならぬ八条宮であった。しかし家康はこの提議に賛成しなかった。というのは、後嗣の問題はすでに四年前の文禄三年に、秀吉の意見に従って、長皇子良仁親王と定まっていたからである。良仁親王は当時十一歳であったが、天皇はそれをさし置いて、当時二十歳の皇弟智仁親王を推薦されたのである。これは智仁親王の人柄や才能が顕著に目立っていた証拠だと思われる。しかしこの提案は阻止された。家康の言い分は、「すでに儲君に定まっている長皇子をさし置いて皇弟に位を譲られるということは、いかにも妥当を欠く、況んや八条宮は、曽て秀吉の養子となられた方であって、皇位に即かれるにはふさわしくない」というのであった。そこで譲位の話そのものが中止となった。して見ると後陽成天皇の譲位の申出は、八条宮を後継者とすることを主として目ざしたものであったのかも知れない。

天皇がこれほどにまで八条宮を重んぜられた所以は、八条宮の優れた人柄や才能にあった、ということを裏づける事件が、二年後の関ヶ原の決戦の直前に起っている。この時大阪方が兵を挙げたのは七月半ばであったが、それから決戦の行われた九月半ばまでの二箇月の間に、全国的にいろいろなことが起った。家康方に附いた細川忠興の夫人ガラシヤは、当時大阪の邸にいたが、捕えられて人質とされることを嫌って、十歳の男の子と八歳の女の子とを刺し殺し、家に火をかけさせて自害した。その忠興の父の細川幽斎は、領国丹後に「幼けなき者共」ばかりと一緒に残っていて、軍勢をあまり持っていなかったのであるが、少しも騒がず、宮津の城を棄てて田辺（今の舞鶴）の城に立籠り、戦死を覚悟して大阪方の来襲を待ち受けた。ところでこの幽斎は、当時の教養の最高峰に立っていた人で、和歌の道においても古今集伝授をうけていたのであるが、自分の戦死と共にこの伝授の絶えることを悲しんで、籠城の初めに、八条宮の家来中大路長介に宛てて、古今相伝の箱を進上したい、奉行の前田玄以と聯絡して、使者を寄越して貰いたいと申し入れたのである。この交渉では明かに進上の相手は八条宮である。そこで八条宮の使者が前田玄以の家来と共に丹後に行き、古今相伝箱、証明状、歌一首の短冊、その他源氏鈔の箱一つ、二十一代集などを受取った。それは七月の末日か八月の朔日かであったらしい。これらは幽斎の言葉では「禁裏様へ進上」ということになっている。最初の八条宮への申し入れとは違う。或は八条宮の意見に従って幽斎がそういう風に方針を変えたのであるかも知れない。もしそうであるとすれば、ここにも八条宮の性格を推測する有力な材料があるわけになる。しかし最初の幽斎の申し入れが八条宮への進上であったということは、幽斎が八条宮へ古今伝授を伝えてもよいと考えていたことを示すものであろう。つまり実質的には八条宮は古今伝授をうけたのである。八条宮はその三四年前、十八九歳の頃から、幽斎の連歌の講義を聞き、またその指導をうけられた。従って幽斎が八条宮の人となりや才能をよく知っていたことは疑うべくもない。その幽斎が初め八条宮を古今伝授の相続者に選んだということは、八条宮の人となりや才能が非常に優れたものであったことを立証するものであろう。

しかし表面上幽斎は、古今伝授の箱その他を「禁裏様へ進上」したのである。そうして、もう思い残すことはないと言って、大阪方に附いた丹波但馬の軍勢をひきうけて、勇敢に防ぎ戦ったのであった。だから寄手が非常に優勢であったにかかわらず、城は中々落ちそうになかった。が古今伝授の箱その他を受取った禁裏側においては、この情勢を坐視することは出来なかった。あれほど歌道に達した人を失うのは惜しい、幽斎を救い出せ、というのが禁裏の意見であった。多分そこには古今伝授の箱を受取る衝に当った八条宮の意見も強く働いていたであろう。そこで、『藩翰譜』の伝えるところでは、烏丸の右大弁が勅使として大阪に行き、毛利輝元や石田三成に幽斎救出の勅諚を伝えた。輝元等は早馬を立てて寄手の軍兵を止めた。しかし戦死を覚悟した幽斎は極めて勇敢に戦っていたので、包囲軍の退却は容易でなかった。その情勢が京都に解ったので、丹後の方へも三条西大納言が勅使として向った。「勅命である、その城を立ち退け」というのである。それに対して幽斎は答えた。勅命は背くべきでない。しかし武者の習としては、死を避けることは出来ない。だから、年若い頃であるならば、この際も潔く勝負を決して、皇恩を黄泉において感謝するという道を選んだであろう。しかし今は老人である、生き残っても先は短い。もう惜しい身でもないのであるから、私の名誉などは捨てて、勅命に従おう。つまり幽斎は、武士の立場を捨てて朝廷の救出運動に応じたのである。

　この『藩翰譜』の伝えがどれほど精確であるかわたくしには解らない。勅使に立ったのは烏丸の右大弁とあるが、当時の右大弁は勧修寺光豊であって、烏丸光広ではなかった。光広は光豊よりは四歳下で、右大弁に任ぜられたのもこの時よりは四年程後である。

また丹後への勅使は三条西大納言とあるが、その時の三条西実条は右中将であって大納言ではなかった。実条が大納言に任ぜられたのもその時より十三年後のことである。もしこれが後に大納言として有名になった三条西実条という意味だとすると、その点は烏丸光広も同じではないかといわざるを得ない。桂別業が造営される頃には、実条と光広とは大納言として相並んでいた。そう考えて行くと、この名前のあげ方は甚だ不精確である。関ヶ原の役の時には、右大弁の光豊と右中将の実条とが共に二十六歳で、戦陣への使者には丁度適当であったから、多分この二人が勅使となったのであろう。

幽斎は武士の立場を捨てたのであるから、取り敢えず高野山へ入ったが、後には京都へ来て仁和寺のあたりに幽居していた。八条宮との間には親しい交りが続いていたらしく、慶長十五年に歿した後には、八条宮の邸内に幽斎を祠った社が作られたという。ずっと後に桂別業の中に出来た園林堂という持仏堂には、幽斎の画像や短冊が掛けられたという。その短冊は古今伝授の箱と共に幽斎が届けて来たもので、「古《いにしえ》も今も変《かわ》らぬ世《よ》の中に心《こころ》のたねをのこす言の葉」という幽斎の歌が記されていた。この歌は『藩翰譜』などにも載せているものである。

以上の幽斎との関係は、当時二十二歳であった八条宮を、宮廷の人々のみならず、当時の日本の教養ある人々の間に、非常に強く印象づけたであろう。八条宮は、当時の武力的対立を超えて独自の権威を持っていた世界の、中心人物になったわけである。従ってこの事件は、兼々八条宮を皇位に即けたいと考えていられた後陽成天皇に、またまた強い刺戟を与えたかも知れない。九月に関ヶ原の勝負が決した後に、宮廷内ではまたいろいろと詮議が行われた。しかしこの時にも譲位のことは実現されず、ただ長皇子良仁親王の代りに第三皇子政仁親王を儲君とするという変更が行われただけであった。政仁親王は十年後に即位して後水尾天皇となられた方であるが、後陽成天皇はこの第三皇子をも皇弟八条宮ほどには重んぜられなかったように見える。

幽斎の後裔である細川家には、この八条宮の日記『智仁親王御記』を伝えているそうであるが、それによると、関ヶ原の役の前年あたりに既にこの若い八条宮は庭作りに関心を見せていられるという。そこには庭の桜を植えかえたとか庭の石をおなおしあったとかの記事がある。これは庭の姿を直す努力であって、明かに庭作りの働きである。勿論これは宮が多くの人手を使ってのことであり、またその指図にも相談相手があったかも知れない。例えば庭の石を直されたのは八月八日であるが、その四日前の八月四日には「国母様」が庭見物に来られたという。国母は後陽成天皇の御母であると共にまた八条宮の御母でもある新上東門院であろう。この女院も芸術の理解にすぐれた方であった。その方がわざわざ庭見物に来られたとすると、何かと批評のあったことは推測に難くない。その四日後に石を直されたのは、この批評と無関係ではあるまい。がそういう助言があり、それによって直すということがあっても、八条宮がこの庭を作られたという事実は動かないのである。

なお三年後の慶長七年頃には、庭に泉水を掘り、茶屋を建築された。また奈良の修南院中沼左京や、画家の海北友松が出入していたという。海北友松は有名な画家であるが、もう一人の中沼左京というのは、奈良興福寺一乗院の諸大夫で、寺中の修南院に住んでいた関係から、修南院という名で度々宮の日記に出てくるそうである。歳は宮より一年下であるから、当時二十三歳であった。摂津堺の生れで、もとは喜多川与作と呼ばれ、幼少の頃から近衛信尹（三藐院）に仕えていたが、十二歳の時に中沼家へ養子に入り、初めは正知、後に左京と名のった。信尹は彼より十五歳の年長で、慶長七年にはまだ左大臣であったが、やがて三年後に関白になった人である。左京は中沼家へ入った後にも近衛家への出入りを続けていたので、八条宮家と接触が出来たのは、その方の縁故からであろう。しかし八条宮が庭園や茶室を作られるについて左京を必要とせられたところを見ると、左京が当時すでにその方面に通じていたことは認めなくてはなるまい。

当時茶の湯の名人として有名であったのは、古田織部正重然《しげなり》であった。織部は初め信長に仕え、播州征伐に使番として活躍したというから、相当に古い人である。次で秀吉に仕え、天正十三年に織部正に任じ、城州西岡三万五千石の知行を与えられたという。しかし茶人としての地位が高まったのは天正十九年に師の利休が歿した後であるらしい。茶の湯の名人としてもてはやされたのは関ヶ原の役の前後のことで、慶長七年にはもう五十九歳になっていた。その頃には自分の領地は息子に譲り、自分は父の遺領と関ヶ原役の賞与とで近江に一万石を領していただけであるが、しかし茶の湯の名人としての名声は大したもので、この頃から大阪夏の陣までの十年余りの間が彼の全盛時代であった。

小堀遠州はこの古田織部の弟子であるが、慶長七年の頃はまだ二十四歳で、父のあとを継いでいなかった。父の遺領を嗣いだのはそれより二年の後である。がそれからでも、織部が切腹するまでには、十年位ある。遠州が織部の弟子として目立って来たのは、恐らくこの間のことであろう。何故そういう推定をするかといえば、織部の門人として先ずあげられているのは後陽成天皇の皇子三人の名であるが、その中で最も年長である筈の近衛応山（信尋）は、慶長十年関白近衛信尹の養子となった時に七歳、織部の切腹の年に十七歳であったのであるから、そういう弟子たちを真先に掲げている織部の門人の目録は、最晩年のものであるに相違ないからである。そうなると、慶長七年、八条宮が庭や建築に凝っていた頃に、遠州が織部の弟子として目立っていたかどうかは、疑問となってくる。遠州が織部のもとで修練を積んでいる間には、宮もまた庭や建築の実地の修練を積まれたであろう。桂別業の造営が始まったのは、右にあげた近衛信尋が二十二歳になった頃なので、その頃には遠州が漸く有名になって来たと共に、八条宮の実力も遠州に劣らないものとなっていたかも知れない。このことはよほど重視してよいと思う。

中沼左京はその長い間八条宮と接触していたわけであるが、その間に小堀遠州と親しくなったことは確かである。しかし何がきっかけとなって交際が始まったかは明かでない。或は近衛家との関係が媒介となったかも知れないが、しかし遠州と近衛家との密接な関係について語られていることは大抵信尋との関係であって信尹との関係ではないようであるから、大分あとのことになる。強いて想像すれば、慶長十年に七歳で近衛家へ養子に入った信尋は、それから数年の内に織部の門人となり、相弟子の遠州と相知った。それがまた遠州と中沼左京とを接近させる所以となった、というわけであるかも知れない。いずれにしても慶長十五年頃から始まった仙洞御所や禁裏の庭作りの仕事に、中沼左京も小堀遠州も共に携わっていたことは事実であるらしい。とすれば、慶長の末年、まだ織部が在世の頃に、中沼左京と小堀遠州とは、庭作りや茶室のことに関しては同格の専門家として取扱われていたのである。そうして、恰もそれを裏付けるかのように、この二人は姻戚関係を結んだ。小堀遠州の妻は藤堂玄蕃の娘で藤堂高虎の養女として小堀家に嫁したのだそうであるが、中沼左京の妻はその実妹だということである。

　こういう関係を眼中に置いて考えると、八条宮がすでに慶長七年の頃に中沼左京などを相手として庭作りや茶室作りに凝っていられたということは、後の桂別業の造営を考える上に軽視することの出来ない重要な事実だということになる。しかもその頃から、桂別業の造営を始められるまでの、二十年の間には、八条宮の周囲で色々な事が起った。前に言った後陽成天皇の勅版刊行の仕事は間もなく家康の古典刊行の仕事に圧倒されてしまったのであるが、それに引きつづいて新しい芸術の萌芽を宮廷が守り育てようとする現象が起った。出雲のお国が初めてかぶきおどりを興行したのは慶長八年の頃だとされているが、その時には、前章で言及した後陽成天皇の女御近衛前子（後水尾天皇や近衛信尋の生母）が、天皇及び八条宮の生母たる新上東門院の御覧に供えようとして、御所へ召して三日間興行せしめられたのであった。これは宮廷の伝統的権威を以て、新興の芸術をその芽生えたとたんに引き立てたということを意味するのであるから、相当に重視してよい現象である。それと匹敵するような現象は、十年後の慶長十八年に浄瑠璃の太夫藤原吉次（監物）が河内の目を受領したこと、続いて翌十九年に後陽成院が御所で操浄瑠璃を御覧になったこと、などである。これも出来立ての新興芸術に、伝統的権威の策励を与えたことになる。後に浄瑠璃がその発展の頂上に達したとき、竹本義太夫はこの功績を認めて、「かけまくも賢き慶長の帝、是を興ぜさせ給ひて、人形にかけさせ、叡覧度々有しより、浄瑠璃太夫受領に拝し、世に行はれて」云々と云っている。宮廷が新しい芸術の味方をし、それに活気を吹き込んだのである。

家康が後陽成天皇の勅版刊行を一二年の間に圧倒してしまったことは、家康の資力を以てすれば容易であったであろう。しかし芸術の保護というような問題では、事情は異なってくる。出雲のお国に対しては幕府方も宮廷に劣らず愛護の手をさしのべてはいるが、しかしこういう方面に資力を注ぐことは、風紀政策の上からは、非常に危険であったと云わなくてはならない。と云って教養を背景とする伝統的権威という点では、幕府は容易に宮廷を圧倒するわけにには行かなかったであろう。従って幕府は、芸術の保護というような点では、宮廷を押えるための隙をねらっていたといってよい。

慶長十四年に起った宮女事件では、まだその隙が出来たという程にはならなかった。これは宮中の女官五人が数人の公家衆と密通したという事件なのであるが、それによって幕府はまだ宮中の風紀紊乱の攻撃には乗り出していない。出雲のお国の歌舞伎踊りのことも引合いに出ていない。何故かというと、この連中を極刑に処することを主張されたのは後陽成天皇であり、幕府は逆にそれをなだめる立場にいたのだからである。天皇がかく激怒されたのは、その女官のうちの二人が天皇の寵愛をうけていたからだと噂されたが、その真相は解らない。かぶき踊りなどの新しい芸術を愛護する態度を、性的放埒と混同されたくないという御気持からであったかも知れない。とにかく天皇の態度は、家康のみならず、御母の女院にも、御側の女御にも理解されなかった。女院とはすでにこの事件の前から不和で、八条宮がなだめ役をつとめたりなどしていられたが、宮女事件では一層不和が甚だしくなったらしい。結局天皇は周囲から孤立され、問題の刑が流罪と決定した翌月に、譲位の意志を宣明された。女院や女御に対しても怒っていられた。この譲位は家康方の都合で翌々慶長十六年の三月まで延びたが、その間の慶長十五年には、女院が御所を出てしまわれるというような事件も起った。これはその年の内に納まったが、今度は、新しく即位された後水尾天皇との間の不和が目立って来た。女院が色々心配されたり、天海僧正が仲に入ったりして、一応不和が融けてくるまでには、この後三四年もかかるのである。

がそういういろいろな事件の間にも、後陽成天皇と八条宮との間は至極好かったらしい。それには八条宮が世間的な栄誉とか権力とかということに眼をくれず、ただ文芸や美術の鑑賞と創作とに関心を集めていられたということも関係するであろう。がその八条宮の身の上にも、慶長の末頃から元和の初めへかけての数年の間に、相当重大な変化が起っている。一つは結婚であり、他は下桂庄や川勝寺などが宮の領地になったことである。

八条宮は慶長十七年三月に、丹後の橋立や若狭の浦々を見物する旅に出かけられた。三月廿六日に橋立で詠まれた歌が残っているようである。その頃の丹後の国主は、関ヶ原の役後前領主細川忠興の転封のあとを受けた京極高知で、入国と共に曽て細川幽斎の立て籠った田辺の城を毀って、宮津に城を築いたのであった。橋立に遊んだ八条宮は、宮津の国主の館で手厚くもてなされたであろう。国主の長女常子にも逢われたであろう。当時八条宮はすでに三十四歳で、城主高知は僅か九歳上の四十三歳に過ぎなかったが、しかしその長女はもう二十歳近くなっていてもいい筈である。もしこの長女が宮津で生れたのであったならば、この時には十二歳より上であるわけには行かないのであるが、この年より四年遅れて元和二年十一月に八条宮妃になられたところを見ると、或はそういう年若であったのかも知れない。しかしすでに三十四歳になっている八条宮の心を引いたということは、どうももっと年長であった証拠ではないかとも思われる。いずれにしてもこの京極常子はよほど優れた女人であったらしい。森蘊氏の紹介している常照院殿消息（中沼左京宛）によると、この妃は八条宮の関心をおのれの関心とし、八条宮の意志をおのれの意志として、いかにも忠実に、宮のために生きていた人であるが、しかしただ温順というだけでなく、才気もあり人使いも上手で、宮の意志を実現する上にかなり活潑な働きをしたのではないかと思われる。何かの理由で結婚の遅れていた八条宮が、冷静に考察してこの女人を妃に選ばれたということは、八条宮の性格を非常によく示すものであるかも知れない。

　桂の別業はこの結婚後数年にして始められたのであるが、この結婚と同じ頃に下桂庄や川勝寺などが八条宮の領地となったことは、桂の別業の草創にとって一層大きい関係を持つかも知れない。森蘊氏『桂離宮の研究』（二、一〇、一一頁）に引かれている種々の古文書によると、八条宮の領地はもと石田、小栗栖、木幡三千石であったが、慶長三年に替地として丹波国に九箇村三千石となり、更に元和三年に川勝寺村、下桂村、徳大寺村などで三千石となっている。森氏の解釈では、この元和三年の秀忠の知行状は必ずしもこの時に替地が行われたことを意味するのではなく、下桂村などはもっと前から宮家の領地になっていたであろうという。そうすると、前にも言ったように、『智仁親王御記』の元和二年の部にある「六月廿七日川勝寺ニ瓜見。桂川ニ逍遥。連歌衆乱舞衆同道」という記事は、この土地が領地になったために初めて試みられた瓜見の遠足であったのかも知れない。いずれにしても川勝寺や下桂村が領地となって間もなく八条宮がこの土地に興味を持ち、そこへ度々行かれるようになったことは確かである。

元和二年夏の瓜見は、八条宮が妃を迎えられるよりも数箇月前で、連歌衆乱舞衆同道というようなこともその独身生活と関係のある振舞い方であったかも知れない。その秋の結婚後、連歌衆や乱舞衆との接触がどうなったかは知らないが、しかし八条宮が中沼左京などを相手にいろいろ普請などに凝られ、鏈《くさり》の間などを作られたことは明かである。多分その傾向の一つの現われとして、下桂村の瓜畑の傍に、軽便な茶屋が建てられたのであるらしい。それは元和六年の日記に、およつ御寮人事件や女御入内の事件と聯関して、突如として引合に出ることになるのである。

およつ御寮人というのは、後水尾天皇の寵愛をうけていた宮女のことである。その宮女が四辻公遠の娘、随って四辻季継の妹であったために、およつと呼ばれたのであろう。父公遠は『太閤記』の聚楽第行幸の記事に四辻大納言として幾箇所も出ている人であるが、大納言のままで七年後の文禄四年に歿した。兄の季継は慶長十七年に参議に任ぜられた。およつ御寮人が宮女となったのはその頃からであろうが、元和四年には皇子賀茂宮の母となった。こういう事は当時の宮中では別に珍らしいことではないが、何故それが問題とされたかといえば、二代将軍秀忠の女和子が入内することにきまっていたからである。これは家康の希望で、天皇十九歳、和子八歳の時にまとまった話であるが、その後大阪冬夏の陣が続き、次で家康歿し、更に後陽成院の崩御となったので、漸く元和四年、天皇二十四歳和子十三歳の時に至って、翌五年に入内と決定した。およつ御寮人の皇子出産は、丁度この決定にぶつかる恰好になったので、問題とならざるを得なかったのであろう。

幕府側は、取敢えず女御入内のことを延期して、形勢観望の態度を取った。これは、宮廷側がそのうちにおよつ御寮人を適当に処置するであろうと考えていたことを示すのかも知れない。しかし天皇は平然としておよつ御寮人との関係を続けられた。翌五年には、およつ御寮人は続けて皇女梅の宮の母となった。これが幕府側に一層強い衝撃を与えたらしい。こうしておよつ御寮人事件はだんだん厄介なことになって来たのである。

ところでこの事件については、前年にもこの時にも、幕府側から藤堂高虎が来て奔走している。藤堂高虎がそういう役に選ばれた事情は、よくは解らぬが、高虎の閲歴から見れば尤もに思われる。高虎はこの頃には伊賀伊勢を領して三十万石近い大名になっているが、しかしそういう大きい大名になったのは関ヶ原役で家康の味方をしてから後のことで、もとは秀吉の弟秀長の家人であり、後に秀吉に仕えて朝鮮で働いた頃にもまだ七八万石位であった。しかし家康は高虎が秀長の家人であった頃から、その人扱いの上手なことを知っていたという。それは家康が最初に上洛した時、秀長の家に泊って高虎の接待を受け、ついで秀吉の命令で家康の京都の館を秀長が造営するにつき、いろいろと高虎の厄介になったからである。だから朝鮮の役の途中で秀吉が歿した時、朝鮮へ行って日本の遠征軍をなだめて無事に引上げさせる使者の役に、家康はこの高虎を推挙した。そうしてその人選は成功であった。それから大分後のことではあるが、加藤清正が歿してその後嗣がまだ幼少だというので、その後始末に高虎が派遣されているのなども、同じ家康の鑑識に基くのであろう。およつ御寮人事件の起った時には家康はもう歿していたが、しかし高虎ならばこういう面倒な事件をうまく纏めるであろうというのが、当時の幕府の人々の常識だったのではないかと考えられる。

　その高虎が小堀遠州の妻の養父であり、そうしてその遠州の妻が中沼左京の妻の姉であり、その中沼左京が古くからの近衛家の出入りの者であるとすると、宮廷側から見てもこの斡旋人はあまり場違いであるとはいえない。高虎に応対していたのは主として近衛信尋であったが、信尋もこの時はもう二十一歳になって居り、生れや家柄の関係上、地位も右大臣に上っていた。でこの若い右大臣と、当時六十三四歳で老巧の頂点にあった高虎とが、およつ御寮人をどう始末したものであろうかと、頻りに懇談を重ねたわけなのである。で当時天皇から右大臣宛に送られた書翰が、藤堂家記録の中に残っているという。それで見ると天皇は、およつ御寮人を愛することが女御入内と両立し難いとは考えていられなかったようである。当時の日本では、一夫一婦制を唱えていたのはキリシタンの信者だけで、あとは一般に一夫多妻を承認していたのであるから、この天皇の考え方は当時としては当然だといってよい。天皇はこの立場から女御入内の延引を不快とせられたのである。その書簡では、まず藤堂和泉守の懇切を謝し、「女御入内が本年も延期されたのは、自分の行跡が秀忠の心に合わぬ故と思われるが、そういう風に入内が遅れるのは公家武家双方の面目を傷つける問題であるから、自分は弟のうちの誰かに位を譲って、落髪して隠退したい、そういう運びになるように藤堂和泉守が肝煎ってくれるならば、生々世々忘れないであろう」という意味のことを述べていられる。これは九月五日附の書簡であるが、このように天皇の態度が強硬であると共に、将軍秀忠の態度もそれに劣らず強硬であった。と云っても、この女御入内の計画は、おのれの孫を宮中に入れたいという家康の希望に基くのであるから、天皇が退位されては計画は全滅になる。だから天皇の譲位の提案には応じようとしなかったが、しかし天皇が態度を改められるようにと天皇の側近に圧迫を加えて来たのである。即ち半月後の十八日に至って、将軍秀忠の奏請として、四辻季継と中御門尚良とを豊後に、万里小路充房を篠山に流し、高倉嗣良、堀河康胤、土御門久脩等の出仕を停められた。『春日記録』というものには、当時の流罪の風聞を記して、公家の風儀の乱れたことを力説し、此中大裏ニテ、傾城白拍子其外当世流布女猿楽ナド被㆓召寄㆒、旦夕遊覧酒宴等外聞限沙汰也。尽ク将軍御耳ニ入、御立腹不㆑斜義也。依㆑之御息女御入内モ延引也。藪殿妹ヲ主上御寵愛ニテ、既ニ皇子二人御誕生ト云々。如㆑此之事、彼是濫吹、言語同断也。

と云っているそうである。これは将軍の立場を全面的に支持している見方であるから、当時の幕府の考え方を反映しているのかも知れない。つまり宮廷の人々が歌舞伎や操浄瑠璃のような新興の芸術に関心を示したことも、天皇が「藪殿妹」即ちおよつ御寮人を寵愛せられたことも、皆非常な風紀紊乱だと見られているのである。そうしてその風紀紊乱の責を負わせられたのが、およつ御寮人の兄の四辻季継等数人の公家たちであった。

この処置に後水尾天皇が不満を抱かれたことはいうまでもあるまい。天皇は譲位の提案を固守された。公家たちの処分奏請から一箇月経った十月十八日に、天皇が右大臣近衛信尋宛に書かれた書簡は、東山御文庫記録の中に残っているのだそうであるが、それによると、天皇は公家衆処分の責任を負って譲位したいということを兼々信尋と語り合われていたように見える。「今日其許へ、板倉伊賀守と藤堂和泉守とが来るそうであるから、前から話していた譲位のことを両人に話し、然るべく将軍へ申入れるようにして貰いたい、」というのである。板倉伊賀守勝重はその年六月まで京都所司代であった人で、七月からは板倉周防守重宗が所司代になっているのであるから、藤堂和泉守と一緒に近衛信尋に逢ったのは、裏面工作のためであったかも知れない。が藤堂高虎の役目は、この時からは、朝廷側を説得することよりも、むしろ幕府側をなだめることの方へ移ったであろう。つまり将軍が、およつ御寮人のことは眼をつぶって和子を入内させる気になりさえすれば、事は円く納まるのである。天皇は、今年の入内を延期するというならば、自分は譲位したい、と言い出されたのであるが、しかし無期延期の形にしないで、明年入内ということを確定すれば、恐らく譲位の要求を撤回されるであろう。また、明年入内ということであれば、今年も延期すると言い出した将軍の主張は通ることになる。高虎は江戸へ帰って、多分右のような見当で将軍を説いたのではないかと思われる。所司代の板倉周防守重宗も江戸へ下っているが、十一月二十日附の高虎の書簡を携えて京都へ帰って来た。その書簡に対する近衛信尋の返書が、もと藤堂家文書の中にあったのだそうである。それは十一月二十九日附の返書で、それによって高虎の二十日附の書簡の内容がほぼ推測せられる。信尋はこの書簡を持参した周防守から江戸の様子を聞いて「祝着」だと云っているのであるから、幕府の意見はよほど穏やかになったのであろう。また信尋は高虎の書簡の趣を天子に申上げたところ、「一段と御満足」で、「いよ／＼うつくしく相調候やうにと申遣候へ」ということであったという。これはおよつ御寮人の事件に拘泥せず、翌年女御入内のことに話がきまったことを意味するのであろう。こうして十一月の末に、藤堂高虎の調停は功を奏したのである。

ところで信尋の返書には、そのあとに余事として次のような数箇条があったのだそうである。

昨日は鏈《くさり》の間《ま》にて、八条どの振舞《ふるまい》候て、夜入候てまで、大酒候つる。さりながら、我も人も、行儀あしき事は少《すこ》しも候はず候つるまゝ、可二御心安一候。徳勝院、石川宗林なども参り候つる。奇《き》斎はちと煩《わずら》ひ候て、参候はず候。小堀遠江、勝手《かって》へ見舞《みまい》候て、一段《だん》きも入り候つる。便宜《びんぎ》候はゞ、よく／＼御礼被申候而可給候。山岡図書も見舞《みまい》候て、殊《こと》の外《ほか》きも入り候つる。(註)

この宴会は八条宮の新築の数寄屋鏈の間で催されたのであって、正客は近衛信尋であった、とわたくしは解していたのであるが、太田博太郎教授はそれに対して、何の断りもなしに「鏈の間にて」と言い出す語調から察すれば、これは八条宮の鏈の間ではなく、近衛邸の鏈の間だと見ることも出来るであろうと言われた。これはいかにも尤もな意見で、「八条どの振舞候て」という文句も、「八条どのの御振舞があって」という意味ではなく、「八条どのを振舞申上げて」という意味に解釈することも出来る。そうすればこの手紙の他の部分、特に小堀遠州への礼の言葉をことづける箇所など、極めて素直に理解することが出来るであろう。信尋がこの招待のことを藤堂高虎宛に、しかも重大事件の解決の報告に引き続いて、書いているところを見ると、高虎がこの鎖の間や、相客の徳勝院、宗林、奇斎などを知っていたことはいうまでもなく、さらに右の事件の解決に際して信尋が八条宮のために慰労の宴を催すであろうことをも了解していたかのように感ぜられる。ということは、藤堂高虎に対して正面の交渉相手であった近衛信尋が、まだ二十二歳の若年であり、問題を起された天皇御自身が二十五歳だったのであるから、当時四十一歳の八条宮が、この事件全体に関して天皇や右大臣の背後に立ち、いろいろと助けていられたことを意味するであろう。後陽成院の崩御が元和三年のことで、この事件はその翌年から起ったのであるから、八条宮の上にそういう重い責任がかかってくることは当然といわなくてはならない。

（註）　森蘊氏『桂離宮の研究』（四〇頁）には、この書状は元和七年十一月廿九日のものと判定されている。それは近衛邸にくさりの間が新築されたのが元和七年六月のことだからという。しかしそうなるとこの書状は、およつ御寮人事件の解決にも、女御入内の事にも、関係のないものとなり、大日本史料、第十二編、三十一（四二〇頁）及び辻善之助氏『日本文化史』第五巻（一五八―九頁）などの叙述は皆ひっくり返ることになる。ここではなおしばらく在来の解釈に従って置きたい。

さてこの招宴において、信尋その他の人々が夜に入ってまで「大酒」を飲んだということは、事件の解決が人々を陽気にしていたことを示すものであろうが、その際誰も「行儀あしき事」はなかったから安心して貰いたいと言っているのは、明かに二箇月前の四辻季継たちの流罪の処分にあてつけて、その後の宮中の風紀粛清を諧謔的に報告した形になっている。高虎に対してこういう態度が取れるということは、信尋や高虎の間でこの風紀問題がどういう風に取扱われていたかを示すものであろう。

女御入内のことは、以上のようにして元和五年の末に確定し、翌元和六年六月十八日に無事に行われた。何しろ将軍の娘の嫁入りであるから、その嫁入り仕度、即ち入内の行粧は、大変なものであったらしい。尤も、秀吉の豪奢な金配りの印象がまだ残っていた時代であるから、この時は豪奢を以て人を驚かすには足りなかったようであるが、それでも総費用は七十万石であったといわれている。禁裏の御領一万石という時代であるから、宮中の騒ぎは大変であったであろう。

前に問題とした元和六年六月十八日の日記の記事は、実は右のような事件の終末としての六月十八日女御入内の当日のことなのである。だからその日の日記は、

六月十八日、女御入内。下桂茶屋普請スル。度々客アリ。

と記されているのだそうである。わたくしは初めこの日記の文章を読んだ時に、これが現在の桂離宮の建築の開始を語るものであるとは、どうも考えにくいと感じたのであった。その時目についたのが、第一章の終り（二九頁）に引用した八条宮の書簡である。これは宮内庁書陵部の所蔵であるが、古く『桂御別業之記』に引用され、近頃の桂離宮に関する著書にも大抵出ている有名なものであるが、そこには「下桂瓜畑のかろき茶屋」へ近衛信尋を招待することがはっきりと記されている。どうも日記の記事と何か聯関があるのではなかろうか。もしそうだとすれば、日記に用いられている「普請スル」という文句は、この日に茶屋の建築を始めたという意味ではなく、すでにある茶屋の改造か手入れか、とにかく五日とか十日とかで出来る程度の軽い普請であったであろうと解することが出来る。それと聯関してわたくしは、日記の文章から八条宮がこの日に下桂に来ていたのだと思い込んでしまった。そうして京都が大騒ぎである筈の特別の日に、八条宮が下桂に来て普請の指図をされるという特殊な状態に非常に興味を感じたのであった。というのは、八条宮は公式には朝廷において何の地位も役目も持っていられない。随って女御入内の儀式などには何ら関与するところがない。その騒ぎの日に下桂の別荘へ行って悠々自適していられても、何ら不思議なことはないのである。が同時にまた、女御入内の騒ぎを離れて遠く郊外から傍観しながら、この事件の全体を見渡して、この事件のために骨を折った近衛信尋をどういう風に慰労しようかと思案していられたかも知れない。そう考えてくると、日もあろうに女御入内の当日に「下桂茶屋普請スル」と記されていることの意味が、非常にはっきりしてくるように思われる。信尋は今日はさぞ忙がしいでもあろうが、またほっとしてもいるであろう。今は夏のことでもあるから、この下桂の茶屋へ招待することにしよう。そのために茶屋のどの箇所をどういう風に直せば面白いであろう。そういう八条宮の気持がこの普請となって現われたに相違ない。普請がそういう手入れ程度のことであるとすれば、この六月十八日という特別の日に、一方で普請の指図をしながら、他方で度々客を受けるということも不可能ではない。況んやその客は、その日の京都の町の情勢を、即ち信尋がその責任を無事に果しているかどうかを、報告に来た人であったかも知れない。或はまたその信尋を迎えるための茶屋の手入れの相談相手になった人であったかも知れない。こうして七月四日の近衛信尋招待の準備が、心をこめてなされたのであろう。

　しかしこの推測が通用するためには、右の手紙の「来月四日」が元和六年七月四日であるということを立証しなくてはならない。

　まず第一に、月についていうと、この手紙は「暑き時分」の「瓜畑の茶屋」への招待であるから、ちょうど瓜の熟している旧暦七月四日のことと考えるのが、最も妥当であろう。六月四日では少し早過ぎ、八月四日では少し遅過ぎる。

第二に年のことであるが、これはいろいろな点から考えられる。まず(イ)正客陽明の年齢からして、元和六年らしく思われる。陽明は近衛信尋であって、元和六年に数え年二十二歳である。この手紙の陽明御成という言葉の与える印象では、少くとも二十二歳位にはなっていなくてはならないように思われる。しかし信尋は十六歳で右大臣になり、早くからませた取扱いを受けていた人であるから、この点だけで元和六年ときめるわけには行くまい。そこで次に(ロ)相客の顔ぶれから考えて見る。四辻中納言はおよつ御寮人の実兄で、元和五年に将軍から流刑を奏請した人である。そういう人を信尋の相客として招くということは、およつ御寮人の存在が幕府側から問題とされるようになった元和四年よりも前の方が尤もらしいか、それともすべてが円満に落着した元和六年の方が尤もらしいかというと、われわれは元和六年の方を取らざるを得ない。しかしこれも、是非元和六年でなくてはならないという証拠ではないようである。とすると、(ハ)相客の組合せからきめて行く手はないであろうか。相客は四辻中納言と飛鳥井中将とである。その四辻中納言は四辻季継で、元和二年の正月に中納言になり、寛永三年まで十年間中納言であった。然るに『公卿補任』のその年頃の条には、飛鳥井中将は登録されていない。飛鳥井中将についてわれわれが知り得るのは元和九年の条の散位の末尾である。そこに飛鳥井雅庸の二男雅胤(後に雅宣と改名)の略伝が出ている。それによると、雅胤は初めは宗勝という名で慶長五年に叙爵、慶長十四年に勅勘を受けて配流、十七年に勅免、十八年に雅胤と改名、二十年に中将になっている。父の雅庸はこの年の暮に大納言に任ぜられて間もなく歿しているが、子の雅胤が元和九年まで役づきになっていないのは、流罪に処せられたという経歴のためであろう。元和九年以後は、二年ほど散位の末尾に名が載り、寛永三年から参議の列に加わっている。中将とは記されていないが、慶長二十年以後はずっと中将であったのであろう。そうすると、四辻季継が中納言であった元和二年―寛永三年の期間は、飛鳥井雅胤もまた中将であったと考えてよい。元和六年はちょうどその中頃であるから、四辻中納言と飛鳥井中将とが揃っていたわけであるが、しかしそれが元和六年でなくてはならないという理由はここにも見出せない。その理由はむしろ㈡四辻中納言と飛鳥井中将との経歴の相似性のうちに見出せるであろう。四辻中納言はおよつ御寮人事件の飛ばっちりを受けて元和五年の秋に流刑という処分を受けた。それと同じく雅胤もまた慶長十四年の十一月に、前に言及した宮女事件の仲間として流罪に処せられた。尤も当時はまだ少将で、名も雅胤ではなかった。宮女事件の記事を見ると、当時流罪に処せられた公家衆の中には、烏丸光広などと共に飛鳥井雅賢の名が見える。これが多分雅胤の元服名であったのであろう。そうすると、四辻中納言と飛鳥井中将とを相客に選んだのは、十年前の宮女事件と一年前のおよつ御寮人事件とを共に記念するという意味を含んでいる。もしこの招待が元和四年以前であったとしたならば、相客の組合せの上に右のような意味は全然出て来ないわけである。そういう点からして、この招待の行われた年が元和六年、信尋二十二歳、八条宮四十二歳、四辻中納言四十歳、飛鳥井中将三十五歳の時であったと推定されるのである。（註）

これで八条宮の書簡にある「来月四日」が元和六年七月四日であることは、ほぼ立証されたとわたくしは思ったのであった。然るに太田博太郎教授は、四辻中納言の流刑赦免が元和六年六月廿七日であり、同人の豊後から帰って参内したのが七月廿一日であることを証明して、一挙にして右の推測を覆えしてしまったのである。

では右の手紙の「来月四日」は、どの年の何月四日であったのであろうか。太田教授もこの来月四日が七月四日でなくてはならないことは承認せられるのであるが、それが、何年の七月四日であるかといえば、多分元和四年であろうといわれる。「元和四年四月に、近衛飛鳥井は江戸に行っており、近衛は五月下旬、飛鳥井は六月上旬に帰京している（大日本史料十二の二十九）。彼が何のために江戸に下向したかは明かでないが、「およつ御寮人事件」に関係のあることかもしれない。そうすると、江戸への旅を慰労し、またいろいろ相談もあって、八条宮が近衛を「桂の瓜畑」に招待したと考えることが可能であろう。そして相客として、やはり同じ頃江戸に行った一人の飛鳥井中将と、問題の人の兄四辻中納言を選んだことは、十分理由のあることと考えられる。」（建築史研究二四）これはまことに正鵠を得た考察であって、わたくしの前説に遥かにまさるものである。即ちわたくしが、「およつ御寮人事件」の最後のしめくくり、即ち女御入内の後の、近衛慰労の招宴と解しようとしたのに対して、太田教授は、「およつ御寮人事件」の起りかけた初期に、それに対する相談のための近衛招宴であったことを示唆されたのである。

それと共にわたくしは、桂離宮の創始の問題が、意外の光明に接し得たように思う。即ち下桂には「瓜畑のかろき茶屋」がすでに元和四年の頃から存在していたのであるが、元和六年六月十八日、即ち「女御入内」の日に、八条宮は、新しく「下桂茶屋普請スル」ことを決定されたのである。この日八条宮は、下桂に行かれたのではなく、本邸にあって度々客を受けつつ、桂離宮の建築の開始について、明確な計画を立てられたのであろう。

そうなると、やはり在来の説の通り、元和六年六月十八日は桂離宮の造営開始の日であると考えてよい。

（註）　四辻中納言と飛鳥井中将とが共に在職している時期という点に着目してこの年代を定めようとした試みは、森蘊氏『桂離宮の研究』三頁、一一頁にも見られる。氏はそこで「公卿補任によって調べて見ると、四辻季継が中納言、飛鳥井雅庸が中将に該当する期間は慶長二十年から元和三年の間に来ることが分る」と云っている。然るにその公卿補任で見ると、慶長二十年には季継は中将、雅庸は中納言であって、四辻中将、飛鳥井中納言が並び立っていたことに

なる。これを氏は四辻中納言、飛鳥井中将と間違えたらしい。季継は翌元和二年に中納言になっているから、その点は間違いでなくなるが、その代り相手の雅庸は慶長二十年即ち元和元年の十二月に大納言に任ぜられて間もなく歿したのであるから、元和二年と三年に飛鳥井雅庸が中将として在職したなどとは一層甚だしい間違いになる。これは雅庸の子の雅胤（雅宣）が、慶長二十年から中将となっていながら、元和九年まで公卿補任に登録されていないために、ひき起された間違いだと思われる。四辻中納言、飛鳥井中将の在職期間は元和二年以後寛永二年までであるから、森氏の意図せられるように、前掲の八条宮の書簡を元和三年以前のものと見ることには差支えないのであるが、その場合にはこの招待がおよつ御寮人事件の起る前のことなり、何故近衛信尋の相客として四辻中納言、飛鳥井中将の二人を選んだかということも明かでなくなってくる。

三　桂離宮の造営の開始

森蘊氏の『桂離宮の研究』（一—六頁）によると、現在の桂離宮の敷地は、今から九百年位も前に藤原氏の別荘の営まれていたところだという。その因縁でこの土地は鎌倉時代室町時代を通じて近衛家の領地であったが、応仁の乱後、天文の頃から近衛家の手を離れ、いろいろな武家の手を転々としていたらしい。そういう状態が一世紀近く続いた後に、慶長の末か元和の初め頃に、八条宮の領地として、近衛家の近くに帰って来た。だから八条宮が元和二年六月廿七日に川勝寺に瓜見に来られると、一日おいて廿九日に、後陽成院女御近衛前子が川勝寺と桂とに御成になった。これは昔の桂の別荘の遺跡が、近衛家関係の人々になお大きい意味を持っていた証拠と思われる。それを考えると、その二年後の元和四年七月四日に、近衛前子の実子近衛信尋が、八条宮に招待されて「下桂瓜畠のかろき茶屋」に来たとき、同じ遺跡が信尋にとっても十分に意味を持っていたことは察するに難くない。しかしその「瓜畑のかろき茶屋」なるものが、その遺跡の中に営まれていたのか、或はその外に、或は外に近い場所に、営まれていたのかは、明かでない。われわれはまずその点の考察から始めなくてはならない。

現在の桂離宮が営まれる前に、藤原氏の桂の別荘の遺跡がどういう状態にあったかということは、森蘊氏の池底の調査などで、幾分見当がついている。現在の桂離宮の池は、池底の状態からして、最も古い部分と、第一次造営の際に掘られた部分と、第二次造営の際に掘られた部分とに区別することが出来るそうであるが、その最も古い部分というのは、池の西北端紅葉山の側の土橋のあたりから、東南へ真直に、松琴亭の西側に至る、幅八九間、長さ一町半ほどの水路である。ここは水深も最も深いが、さらに池底の泥が非常に深く、昭和二十六年の徹底的な浚渫の際にも完全に水をかえ干すことは出来なかったという。そこからしてこの部分が昔桂川の蛇行水路であったということが推定されるのである。それが藤原氏の別荘造営の際にすでに主要水路でなくなっていたのか、或はいくつもの蛇行水路のうちの一本であって、庭に取り入れるためにせき留められたのであるかは、何ともいえないが、とにかくそれを利用してこの別荘の庭の池が作られたということは、確かであろう。その池が、別荘の廃棄の後にも、深い水溜りとして残り、別荘の遺跡のうちの最も目立つものとなっていたと考えられる。そのほかになお森氏は、現在の月波楼の東南側とか、松琴亭背後の小高い丘とかに、老樹の根株が見出されたことを指摘している。その老樹は森氏の記述では或は「六百年を超える」とあり或は「四

「百年以上」とあってはっきりしないが、とにかく八条宮の桂別業造営以前からあった樹であることは確かである。随って右の水溜りの両岸に樹木の生い茂っていたことも、推定されなくてはならぬ。つまり藤原氏の別荘の遺跡は、農耕地に変化させられないで、深い水溜りや樹立に覆われた廃園として残っていたわけなのである。

「瓜畑のかろき茶屋」という言い現わしは、わたくしには、そういう廃園の中の茶屋を指しているとはどうしても思われない。その茶屋は下桂村の農家と同じ形の田舎家であってもかまわないが、しかしその田舎家からは瓜畑が見え、そうして瓜畑の向うには京都盆地をとり巻く山並が見えていなくてはならない。そういう場所は、どうもこの水溜りのそばにはなさそうに思われる。森蘊氏は、「瓜畑のかろき茶屋」と呼ばれているのがこの遺跡を敷地として相当の規模を持った別荘のことであって、その別荘内にすでに今の松琴亭の母屋があったかも知れないとさえ言っている。わたくしには、松琴亭の母屋を単にその一部分とするような、規模の大きい別荘の全体を指して、「瓜畑のかろき茶屋」と呼ぶなどということは、どうも理解することが出来ない。また八条宮のような地位にある人が、そういう卑屈としか思えないような謙遜をするとも思えない。況んやこの言葉の現われてくる手紙の相手は、中沼左京か誰か知らないが、とにかく相客の招待の使いをしたり、招待の当日に桂の茶屋へ来て取持をしたりする人である。そういう人に対してそんな謙遜は全然意味がないといわなくてはならない。随って瓜畑のかろき茶屋は、謙遜の意味などは全然含まず、文字通りに瓜畑を庭とした百姓家のような家であったと解してよいであろう。しかしその場合にも、松琴亭の母屋そのものが「瓜畑のかろき茶屋」であって、現在松琴亭の北方及び東方を取り巻いている池のところが、当時は一面の瓜畑であった、と解せられなくもない。しかしそうなると、松琴亭という名と、瓜畑のかろき茶屋という呼び名とが、正面から衝突している。現在の松琴亭の額が元和三年八月に崩ぜられた後陽成院の筆であり、そうしてその松琴亭がもとの藤原氏の別荘の池の傍の、松の生い茂った丘の麓にあるというようなことと、瓜畑のかろき茶屋という見方とは、ちょっと調和のしようがない。元和二年六月末にこの遺跡を訪れた後陽成院女御近衛前子は、池の側の松山の印象から、松琴亭という考を抱いて八条宮と語り合い、そうして早手廻しに後陽成院の揮毫を頼まれたかも知れない。しかしその後に実現されたのは八条宮の瓜畑のかろき茶屋であって、松琴亭ではなかった。松琴亭が松琴亭として建てられたのは、やはりこの遺跡に手入れをして、池をほり広げ、島を作り、「瓜畑」の気分とは異なった「松琴」の気分をねらうようになってからであろう。がこれは非常な相違なのである。「瓜畑のかろき茶屋」を作ることは、三千石の領主たる八条宮にとっても、さほど困難なことではなかった。しかし松琴亭を作ることはそう簡単ではない。それはまず第一に藤原氏の桂の別荘の遺跡に手入れをして、現在の桂離宮の庭園の大体の骨骼を作り上げることを意味する。それは中々の大工事で、知行三千石の八条宮が手軽に着手し得るものではない。随ってこの工事の開始には、何か外から刺戟するもの、促進するものがあったと見なくてはならない。それが桂離宮造営の最初の発起者となるわけである。

わたくしは前後の事情からしてそれが後陽成院女御近衛前子であったのではないかと想像する。八条宮が川勝寺に瓜見に行かれると、すぐその後に川勝寺のみならず桂を訪ねられた態度は、ただではない。またその桂訪問のことが八条宮の日記に記されているところを見ると、それは八条宮と十分聯絡しての上のことであったであろう。その時の近衛前子の気持は、祖先の別荘の遺跡が再び親しい人の手に返って来たことを、単純に喜ぶだけであったかも知れないが、しかし時代の趨勢から云って、そういう喜びが遺跡の復興の希望に転じないものでもない。だから前に言ったように、松琴亭の構想が逸早く近衛前子の胸に浮び、それが八条宮との間に語り合われたということも、非常にありそうなことに思えるのである。しかし後陽成院は元和三年八月に崩ぜられたのであるから、たとい右のような構想が実際に女御の胸に浮んだとしても、それがそのまま中絶の状態に置かれたことは当然であろう。その中絶した希望が再び女御の心に燃え上って来たのは、多分、元和四年五年のおよつ御寮人事件に際して、八条宮の取られた頼もしい態度と聯関する問題であろう。およつ御寮人事件は、実子の後水尾天皇のひき起された事件であるが、それに聯関して幕府との間の折衝に当ったのは、同じく実子の近衛信尋であった。いずれもまだ年若で、心もとない感じがしないでもないが、その背後にあって、藤堂高虎のような老巧な大名と接触しつつ、近衛信尋の活動を極力掩護していられたのが八条宮なのである。後水尾天皇及び近衛信尋の実母として、近衛前子が八条宮を非常に徳とせられたことは、察するに余りがある。だからその感謝の意を表わすために、八条宮が藤原氏の別荘の遺蹟に工を起されるような援助の手段を講ぜられたろうことも、非常にあり得ることなのである。そうなると八条宮が、元和六年六月十八日、女御入内の日に下桂の茶屋の普請を決定し、桂離宮の造営を開始されたということは非常に理解し易いことになる。六月十八日には、近衛前子の二人の愛子が、即ち後水尾天皇と近衛信尋とが、完全に危機をのり超えられるのである。そのために骨折られた八条宮に対して、近衛前子の側でも、感謝を現わすために「桂の別荘の遺跡」に着工する機会のことを考えられたのであろう。その相談には勿論近衛信尋が与かったであろうし、近衛家の資力が適当に利用せられたでもあろう。そう考えると、桂離宮の造営に着手されたのは、実際に元和六年六月十八日であったかも知れない。

がそのように後陽成院女御の発議というようなことを考えてくると、それが後水尾天皇や近衛信尋に関して八条宮に感謝の意を表するためというばかりでなく、さらに八条宮の芸術的才能を認め、それを十分に発揮させて見たいという意図を含んでいることも、おのずから想像に上ってくる。後陽成院が勅版の刊行とか、歌舞伎、操浄瑠璃などの保護とかで示された傾向は、女御の近衛前子もまた共にしていられたところであって、その方面の理解の能力は非常に優れていられたらしい。八条宮はその感化のもとに育たれたのであるから、八条宮の才能や傾向などはこの兄嫁の眼にはっきりと見えていたであろう。それを念頭に置いて、子の近衛信尋をして桂の造営をすすめさせたとなると、この発議は非常に意義深いものになってくるのである。

近衛家が八条宮の桂別業造営を促進したのではないかと考えるについて、先ず思い起すのは、前にあげた、およつ御寮人事件の後始末について近衛信尋が藤堂高虎に宛てた書翰のことである。それには女御入内の期日に関する重要な用件を記したあとへ、いかにも気軽に「八条殿振舞」のことを書きつらね、その際「勝手へ見舞」に来て、非常に「きも入り」をしてくれた小堀遠州に対する謝意を言伝てている。わたくしは初めこの招宴を八条宮邸における招宴と解したために、小堀遠州が八条宮邸の勝手へ見舞に来てきも入りをしたという点に注目せざるを得なかったのである。というのは、遠州が八条宮邸の勝手へ現われるほど宮と昵懇であるにかかわらず、それに対して八条宮が礼をいうのではなく、その日の客である信尋が礼をいっていることは、いかにも変に感じられたからである。通例ならば、たとい信尋から礼をいうにしても、それは八条宮の謝意を取り次ぐ形でなくてはなるまい。然るにそれを差し措いて、信尋がみずから礼をいっているのは、何か特別の事情によるとほか考えられない。しかしこれはわたくしの誤解であって、この招宴は八条宮邸で催されたのではなく近衛邸で催されたのであったということになると、遠州の「勝手への見舞」や「きも入り」は、遠州と近衛家との関係を示すだけで、遠州と八条宮との関係については何も示していないことになる。遠州が勝手元できも入りしていても、招宴の主賓の八条宮が遠州と交際はなかったということもあり得るであろう。だからこの手紙だけからは、八条宮と小堀遠州との直接の交友関係は知ることが出来ないのである。

こう考えてくると、右の手紙よりも半年余の後に、信尋が八条宮にすすめて桂の別業の造営に着手させた時、信尋と親しい小堀遠州がこの造営に参加したかどうかは、よほど疑問になってくる。遠州が近衛家の五ヶ庄大和田（黄檗附近）の別荘で、中沼左京などと共に茶会を手伝ったりなどしたことは、松花堂昭乗の書状によって立証出来るそうであるが、その中沼左京が桂の別業に関係したらしい確実な証拠を残しているのに反して、小堀遠州の方は、桂と聯関した何の証跡をも（少くとも今まで見出されたところでは）残していないという。

それに比べると、同じく近衛家の出入である中沼左京は、すでに古くから八条宮と親しく、桂別業の起工より二十年近くも前の慶長七年の宮の日記にその名の記されている人であり、また近くは元和三年に八条宮の江戸旅行に随伴して宮の意を受けて庭園の見学などをやって来た位であるから、他に証拠がなくとも桂に関係したであろうと思われるのであるが、その中沼左京宛の八条宮妃の書状が多数残って居り、そうしてその中に桂のこと、建築のこと、庭作りのことなどが、言及されているのである。

森蘊氏の発表した常照院殿消息（宮内庁書陵部蔵）のうち、年代の明かなのは元和三年の数通だけで、あとは何年のものともいえないが、しかし中沼左京宛のは大体元和年間から寛永五六年頃までのもの、縫殿宛のは寛永十七八年頃から正保慶安へかけてのと推定される。ここではその中沼左京宛の書簡だけが問題であるが、それらの書簡の年代は八条宮妃の側の事情からも考え得られる。八条宮妃は元和五年十一月に長男智忠親王の母となられ、次で元和六年の末に長女梅宮の母となられた。随って元和五年と六年とは大体妊娠中であって、桂別業の造営のことなどに関与されるにふさわしくない。たとい関与されたとしても、それはただ計画の上でのことであって、現場へは中々行かれなかったであろう。七年初の農閑期も産後まだ日の浅い時であるから、その頃に八条宮妃の積極的な参与は難かしいであろう。随って七年の後半から八年初の農閑期へかけての半年の間が、八条宮妃の最初の関与の時期として、最も可能性の多いものである。八年の三月頃からまた妊娠期に入り、その年の十二月十六日に次男の母となられるのであるから、翌九年初の農閑期はまた都合あしく、九年の夏から翌寛永元年の初の農閑期へかけての時期が、第二に可能性の多い時期になる。その寛永元年の三男誕生後は妊娠は止っている。随って寛永二年の九月に金地院崇伝を桂別業に招いた頃以後は、もはや妊娠やお産に遮《さまた》げられることなく、何時でも桂別業の造営にたずさわり得る状態になるのである。これは中沼左京宛書状の筆者の事情なのであるから、軽々に看過することは出来ない。

そういう眼で見ると、左京が春二月に今年初めて桂へ行ったとか、桂のつくつくし、広野のれんげを八条宮妃に送ったとかということの現われている八条宮妃の書簡は、どうやら元和八年の二三月頃のものであるらしく思われる。そうしてその頃に桂離宮の造営が進行しつつあり、左京がしばしばそこへ行っていたことも明かである。しかしその左京の仕事はどういう意味のものであったか。庭園や建築の設計者として、造営の全体を委せられた人としてであったか、或は八条宮の指揮の下に、造営の一部分を引受け、それを監督する人としてであったか。これは庭作りに関しても、また建築に関しても、その作者を考える上に非常に重要な点だといわなくてはならない。

森蘊氏の引用した常照院殿消息のうちには次のような文句がある。

一昨日は久々にて成《な》らせられ、数々《かずかず》目出度嬉《めでたくうれ》しく存《ぞん》じ参らせ候。やがて成《な》らせ候との御事、待《ま》ち入参《まい》らせ候。美《うつく》しき天目《てんもく》下され、再々《さいさい》色々の道具《どうぐ》下されて、色さしの程よく美《うつく》しく存《ぞん》じ参《まい》らせ候。昨日は文にて申入候桂《かつら》の返事も、御むつかしくと存候（下略）

これは久しぶりで中沼左京が訪ねて来たことに対する挨拶、その節の進物のお礼、近い内に再び訪ねてくるという約束への期待、及び一昨日の来訪の後に思いついて桂に関係した或る申入れを左京にしたわけであるが、それは多分引きうけ難いであろうという遠廻しの返事の催促などを記したものである。その桂の用件が何であるかはよくは解らないが、それは次の手紙から推測出来るかも知れない。

こなたよりはまづ〳〵むつかしくと申入□□候に、汲《く》み下され、過分に存参《まい》らせ候。二三日は天気よく御座《ざ》候て、御ふしん仰つけられ候はんと、目《め》出《で》度《たく》御《ご》座《ざ》候（下略）

これは八条宮側で左京の不承諾を予想していた最初の申入れに対して、左京が八条宮家に対する同情から承諾の返事を出したことを示すものらしい。八条宮妃はそれに対する謝意をのべたあとで、近く「普請」を仰せつけられるであろうと言って、祝意をのべている。わたくしは最初この「普請仰つけられ」という文句を、「八条宮が左京に仰せつけられる」という意味に解したのであるが、太田教授はそれと違って、「左京が職人たちに仰せつける」という意味であろうと指摘された。そう言われて見るとどうもその方が好いようである。

ところでこの解釈の相違はまたこの際左京の受けた依頼の内容や普請の内容などに関する推測をも著しく異ならしめるであろう。というのは、もしこの「普請仰つけられ」が八条宮の左京に対する仰せつけであるとすると、最初の柱に関する申入れは、左京に一定の普請を依頼する申入れではなく、左京に普請を仰せつけるための前提となる申入れであったということになる。そういう前提となるのは、左京に普請を依頼した場合の報酬のこととか、或は普請を指揮するについての左京の地位のこととか、或はその普請がすでに他の何人かに依嘱されていて、その人のやり方が八条宮の意に充たず、それを中止して新しく左京に依頼しようとするのであるとか、何かそういう幾分工合の悪いことを含んだ条件を承諾することであろう。その条件は、物質の上でか、或は面目の上でか、或は義理合の上でか、左京に不利なものなのであるから、事によれば左京は応諾しないかも知れぬ、ということを、八条宮側では十分考慮していたと解される。その様子が八条宮妃の文面にありありと現われているように見える。然るに左京は、事情を汲み取って、八条宮のために働くことを承知したのであるらしい。その汲み取った事情は、報酬の安いこととか、地位の低いこととかではなくして、八条宮が初めに依頼した人に代って、悪く思われるのを承知の上で、自分がその衝に当るというようなことであったのであろう。それならば八条宮妃が謝意を表せられるのは当然である。また左京がそういう決心をしたとなると、いよいよ具体的に普請を仰せつけられることは、左京にとって祝すべきことであるに相違ない。というふうにわたくしは考えたのであった。
しかし普請仰せつけが左京の職人に対する命令であるとすると、事情はすっかり変ってくる。左京は桂の造営についてかなり大きい権能のある役目を引受けるように申し込まれたのであったかも知れない。それが何か困難と思われる点を含んでいたために、左京が引受けないかも知れぬという懸念があり、宮側が左京の不承諾を予想したのであったかも知れない。もしそうであるならば、この際左京の頼まれた役目は、すでに計画のきまっている庭の普請を、現場にあって実際に指導するというような役目であったかも知れない。庭作りに聯関して左京に宛てた八条宮妃の他の書状も、それと同様な事態を示したものである。

（前略）二三日は天気よく御座候て、□□しき、そこもと御庭仰つけられ候由うけ給り、一しほ目出度存《めでたくぞん》じ候（下略）

（前略）打つゞき天気よく御座《ござ》候て、御庭の御普請《ごふしん》出来申候はんと、目出度《めでたく》思召し参《まい》らせ候かしく（下略）

これらもまた八条宮妃が左京に対して、「あなたが職人たちに庭の仕事を命ぜられたと聞いて、喜んでいる」とか、「天気が好いので、あなたの指図していられるお庭の普請が出来ることであろうと、喜んでいる」とかの意味であって、この庭の造営に関する中沼左京の指導的な位置は、十分に認めることが出来るであろう。

しかしそれだからと言って、中沼左京一人がこの庭の作者であったときめるわけにも行かない。前に言ったように左京は、何か困難な事情を押して、八条宮の依頼に応じたのであって、必ずしも初めからすべてを依頼されていたとは見えないのである。それはつまり、庭全体の構図を考えたり、それを数年に亙って徐々に実現して行ったりする立場にあったのが、八条宮自身であって、中沼左京でなかったことを示すのではなかろうか。

しかしそれにしても、八条宮に依頼された普請のために左京は、何人かの庭師や、また何人かの人足を使わなくてはならなかったであろう。森蘊氏の『桂離宮の研究』（七〇、七一頁）によると、当時の庭師には庭者賢庭（或は見庭）とも呼ばれている庭作与四郎という名人があって、遠州作といわれる庭園の施工に関係しているらしいが、桂別業の庭園にも或は関係しているかも知れないという。またそういう名人が関係していない場合でも、実際の施工を左京自身でなく誰か庭師がやったことは、疑のないところである。そうしてそういう庭師がさらに何人かの配下のものを使っていたことも、勿論であろう。ただ、それらの人たちの上に立って指揮している中沼左京が、さらに上からの指図に従っていたのではないか、という点が、ここでは重大なのである。

桂に関する八条宮から左京への申入れを、元和八年の二三月頃と解し、それ以前に中沼左京が桂の庭に関係していなかったと考えるのは、少しく無理かも知れない。八条宮と左京との交友関係はかなり古いのであるから、桂別業の造営を思いついた時に、初めから左京に相談していなかったとは、どうも考えにくいのである。しかしそれにも拘わらず、右の数通の手紙は、桂の造営を始めた後の或時期に、桂の庭に関して、左京が承諾を渋るであろうと考えられるような申入れを八条宮側からしたことを示している。そうして左京が、事情を察してそれを承諾し、その結果として、庭の普請に関し現場の指図を始めたのであるとすると、左京が桂の造営に関して初めから全部を委せられていたのでないことは明かである。これらの事情を考えると、たとい初めから左京に相談していたとしても、八条宮自身の意志によって決定した部分が非常に大きかったと考えざるを得ない。そうなると八条宮は、最初に桂別業の構想を立てた人としても、またその形成の過程において究極の指揮者として立っていた点においても、桂の庭園や建築の作者として最も重んぜらるべき人になる。

さて八条宮が桂離宮の創始者であるのみならず実際の作者であるとすると、その八条宮の源氏物語とか古今集とかに関する知識を洗い上げて行くのが、この庭や建築の「創作」を理解する所以となるであろうか。わたくしにはそうは考えられない。それよりもむしろ、庭作りという仕事が芸術的形成の仕事としていかに特殊なものであるかを反省して見る方が、この八条宮の仕事を理解する上に、一層よく役立つであろうと、わたくしは考える。で横道ながら、庭園の製作と作者の問題を少しく考えて見ることにしよう。

四　庭園の製作と作者の問題

庭園が一つの芸術品として存立しているのは、それが芸術的に形成せられている故であるが、その形成の仕方は、他の造形美術と同じではない。まず素材からして著しく違っている。庭園の素材は、土地、岩石、水、草木などであるが、同じく岩石とは言っても、ここで用いるのは自然のままの岩石の姿なのであって、彫刻におけるように、単に形を担う媒質としての岩石なのではない。また草木と云っても、ここでは生きたままの草や木の姿が用いられるのであって、建築用の萱とか木材とかとはまるで違う。こういう相違はすでに形成の仕方の相違を反映しているのであるが、庭園の作者のねらっているのは、これらの素材を使って林泉のいろいろな風景を作り出すことであって、岩石を用いる彫刻が風景とかかわりのない人体をねらっているのとはまるで違う。自然の風景をモデルとして風景を作り出すという点では、風景画と同じであるが、しかしここでも、絵画が顔料を用いて平面化して描き出すのに対して、庭園は実際の草木や岩石を配置して風景を作るのであるから、出来上ったものはまるで次元の違った芸術品である。その点では、庭園が自然そのままであるのに対して、風景画は自然の映像に過ぎないともいえるのであるが、しかし実際は、風景画が自然の風景の写生であり得るに対して、庭園はあくまでも人工的な風景であって、自然の風景とは縁が遠いのである。しかし人工的であるからと云って庭園が自然の美しさを現わし得ないというのではない。庭園は自然を模しながらも自然の風景よりは一層純粋に自然の美しさを表現しようとするものである。そういうことが可能なのは、自然には無駄が多く、自然の美しさは決して障害なしに易々と出てくるものではないからである。自然の無駄を適当に切り捨てれば、自然は美しく輝やき出してくる。そういう否定の仕事は、自然から出るのではなく、精神の働きによってのみ可能である。芸術的形成としての庭園は、素材としての自然にこの精神の否定的な働きの加わったものにほかならない。

　庭園の形成の仕方がこういう風であるとすると、その芸術的形成が他の造形美術と著しく異なっている点も、すぐ眼についてくる。彫刻でも絵画でも建築でも、作者の与えた「形」は、この芸術的形成活動の結晶として、製作の当時すでにぴったりと定まっているのであるが、庭園の場合には、そういう定まった「形」に相応するものは、地割りとか石組とかのような、輪郭的な、動かない部分だけで、その中を充たしている数多い草木は、毎年春には新しく芽ぶき、秋には古い葉を落して、その間に或程度の成長を見せるという、生きて動いて行くものなのである。勿論、動くとは云っても、動物ではなくして植物であるから、その存在している場所を自分で移すというのではない。従って舞踊などのように動きそのものが問題となるのではない。庭園が人々の鑑賞を受ける場合には、それは勿論静止したものとして静止した形においてである。しかしそれにも拘わらず、草木の一年の間の色彩の変動や、空間的な大きさの変動は、かなりに著しい。従って季節が移り変るに応じて、人は同じ庭園において異なった形を鑑賞することになる。つまり庭園の形は移り変るのである。鑑賞されるのはいつも「静止した形」においてでありながら、それは「季節的に移り変っている形」としてなのである。従って庭園の形成の仕方は、この移り変る形が、その移り変りのどの段階においても崩れないように、即ち移り変りを通じての統一を、作り出す仕方でなくてはならない。生きた草木を素材として用いるという制約が、こういう形成の仕方を押し出してくるのである。

そこでこの形成の仕方は、多種多様な草木のそれぞれに異なった特性と密接に聯関したものになる。例えば草木の配置の仕方は、庭園の色彩の配置を意味するのであるから、常緑樹と落葉樹との組み合わせなどは、色彩の調和の点から特に意を用いなくてはならないであろう。しかもそれは、深い緑と華やかな紅葉との対照という点においてのみならず、その落葉樹の新緑と常緑樹の古い緑との対照や、常緑樹の新緑と落葉樹の深い緑との対照、或は落葉樹の葉のない冬の姿と常緑樹の最も落ちついた緑の色との対照という如く、季節の移り変りの全体を通じて考慮せられたものでなくてはなるまい。そういう問題は、草木の種類に従って、種々雑多な形に現われてくるであろう。同じ落葉樹でも、新芽の出る時期も違えば、その新芽の緑の色調も違う。それに応じて紅葉する時期も違えば紅葉の色調も違う。従って新緑の季節に丁度工合のいい色彩の調和を見せていた樹木の配置が、紅葉の季節にも同じように調和を見せるとは限らない。だから四季の移り変りを通じての色彩の調和という如きことは、それぞれの草木の特性に通暁した上で、なお相当に綿密な配慮を必要とするのである。

が草木の配置をきめるものは右の如き色彩の移り変りのみではない。草木は季節的に色彩を変えると共に、枝をのばし幹を太らせてくるのである。この大きさの変化を適当に統制しなければ、年と共に庭園の輪郭的な形が変ってしまう。しかし草木をいつまでも元の形元の大きさに保って行くということは、非常にむつかしい。それは季節の変化を通じて色彩の調和を保って行くというよりも困難な仕事である。そうしてそこに庭園の芸術的な形成を危くするような弱点がひそんでいるのである。

草木ののび方は種類によって著しく違う。非常に速いのも非常に遅いのもある。大木に育って行くのもあれば、あまり大きくならないのもある。そういう風に性質の違う草木を、一律に扱うわけには行かない。のび方の遅い、あまり大きくならない木は、適当な剪定によって、何時までも同じ位の大きさに保つことが出来る。そういう木は、常緑樹でも落葉樹でも、大きい石組に配するに適している。特に、小形の庭園の場合には、この種の伸びの遅い常緑樹を適当な石組と配合することによって、最も季節的な移り変りのすくない、従って絵画彫刻などと同じく「定まった形」を持っているかのような庭園に仕上げることも出来る。そういうことは、松杉檜などのような、大きく育つ木を以てしては、到底出来ないであろう。松や杉などでも、稚樹の時期には、石組の間などに配して面白い効果が得られないではないが、しかしその形を剪定によって保って行くことは困難である。尤も松という木は特別で、幹の形や枝ぶりなどによっては、どういうところへでもうまく嵌まるが、しかし普通にすくすくとのびた形では、石組などには合わない。杉や檜は勿論そうで、これらは独立の植込みとして、いくらのびてもよい場所に配置するほかないであろう。それらの木が亭々たる大木となって、こんもりと茂っている姿は、他の樹木からは得られないどっしりとした感じを与える。庭園の背後を限る囲いのような役目には持って来いである。こういう扱い方を対照して見ると、伸びの遅い木には強い統制を加えて大きさの変らないことをねらい、伸びの早い木にはあまり統制を加えずに自由に伸びるに委せる、と云った風に、自然の性質と逆に出ているように見えるが、実は自然の性質に乗っかり、それを活用しているのである。

ところで、色彩の季節的な変化は一年を単位としてまとめることが出来るが、草木の成長は、どれほど念入りに統制するとしても、一定の範囲に停めることの出来るものではない。のびの遅い木が石組のそばでいつまでも大きさを変えずにいるとしても、のびの早い木は自由に放任されてすくすくとのびて行く。五十年百年と経てばそれらは大木になってしまう。そうすればここには、一世代を単位として考うべきような、大きい移り変りがあるといわなくてはならない。その間には稀に強い颱風が襲来して大木を倒すこともあるであろうし、虫害によって大木が枯死することもあるであろう。こうして樹木は入れ代り、樹木によって作られる輪郭は変って行く。それは庭園の作者の限界を超えた、云わば運命のようなものであるが、しかしそういう移り変りを作者が予め推測し得ないかというと、必ずしもそうではないのである。一年の間の季節的変化を予め念頭に置いて庭を作り得るように、一世代或は数世代を通じての草木の成長を予め念頭に置いて草木を配置するということは、さほど難かしいことではない。よき庭を作り得るほどの人は、勿論このことをなし得る人であろうと思われる。

庭園に草木を植え込んでから、それが根づき、成長し、繁茂して、落ちついた感じになってくるまでには、少くとも数年はかかる。そういう意味で、最初の十年は、庭作りの意図がはっきりと実現されてくる時期と考えてよかろう。従ってこの期間には、庭園は必ず前よりも美しくなってくるのである。して見ると作者は、造園の当時に、少くとも十年の後を予見していることが出来る。

すでに十年の後を予見することが可能であるならば、何故一世代の後、或は一世紀の後を予見することが出来ないであろうか。草木の寿命はほぼ解って居り、その成長の度合もほぼ明かであるとすれば、予め何十年或は何百年後の変化を見通し、そういう変化によって構図が破られないように、或は一層よき構図に成長して行くように、企図して置くことも出来る筈である。実際、人力を以てしては急に伸ばすことの出来ない樹木の成長が、ただ年月の長さによって実現されてくるのであるから、大木を必要とするような構図は、長い年月の後に初めて作者の意図を充たすことになる。然し樹木の成長によって、今この庭の魅力となっている借景を覆い隠してしまう怖れがあるとすれば、そういう場所には大木を育てるべきでない。そういう仕方で作者は、何十年或は何百年後の庭の構図を、予め作って置くことが出来るであろう。そういう場合には、作者の芸術的形成の力は、その歿後にも長く続いているということが出来る。

勿論、こういう場合は極めて稀であろう。たとい作者が、遠い将来を見越した構図によって形成して置いた場合でも、それに対する理解や愛護の念が欠けていれば、その構図は遠い将来を待つまでもなく崩壊し去るであろう。従って庭園の作者の芸術的形成の力が幾分かでも感じられるのは、ただ愛護の念によって最初の造園の伝統が守られ、毎年の手入れが丹念に続けられているところだけである。もしその愛護の働きが十年も中断されたならば、庭園などというものは恐ろしく荒廃してしまう。だから庭園が何世紀の間も生き続けているということは、かなり稀な現象だといわなくてはならない。

桂離宮や修学院離宮の庭園は、そういう稀な現象の一つであろう。

庭園は以上の如く生きた草木を素材とし、従って時と共に移り変るという点において、他の造形美術と著しく異なった芸術である。そこでこの芸術の作者は、生きて育つ草木のそれぞれの性質を十分に理解し、それをそれぞれ適当の位置に配置しなくてはならぬ。作者の形成の働きは、これらの生きたものの上に実現せられる統一を目ざしている。この点において庭園の作者の仕事は、多数の生きた人々の上に統一を実現しようとする政治家の仕事に似ているといえるであろう。

この類似は決して意味の軽いものではない。生きたものを取扱ってそれぞれの個性を十分に理解し、それらに各々その所を得しめながら、全体の統一を作り上げて行くという心使いの仕方は、両者に共通である。従って古来の名園が有名な政治家の名と結びついているのは、決して偶然ではないであろう。特にこのことが昔の独裁政治家の場合に多いのも尤もだと思われる。独裁政治においては、民主政治においてよりも、一層顕著に個人の意志によって多数の人々を思いのままのところへ配置し得るわけであるが、その点は芸術的形成の働きに最も近い。従ってまた、政治において中々思うように行かないという体験を持っている人が、その取扱う相手を人から草木へと移した場合に、遥かに自由に、思い通りに配置することが出来、それによって政治の場合よりも遥かに強い満足を得る、というようなこともあるわけである。その点を考えれば、造園がその種の政治家にとって非常な楽しみになったという関係は、十分に理解することが出来る。

勿論政治家は、多くの人手を使って造園の働きをするのであって、自ら手を下すのではあるまい。しかし造園の仕事は、誰がやっても多くの人手を使わざるを得ない仕事なのである。そうしてその点がまた政治家の素質に向いていると云ってよい。同じ植木屋でも巧みに使えば拙く使った場合とは見違えるような仕事をするであろう。植木屋のみならず、土地、岩石、水などの取扱いにおいても、それぞれの方面に特殊の技能を持った人を見つけ出すというようなことは、政治家的手腕と無関係なことではない。

庭園の素材としての土地を、自由に入手し、自由に使いこなすというような点では、独裁政治家は特に有利な地位に立っている。ヴェルサイユ宮殿の庭園のように、広大な土地を自由に使い、大きい森林や池を以てシムメトリーの幾何学的図形を描き出して見せるなどということは、ルイ王朝の独裁的権力を背景とせずにはなし得られない。日本にはああいう例はないが、しかし造園に都合のよい土地を自由に選び取るということは、独裁的政治家が相当にやったことである。京都について云えば景勝の地は大抵独裁的政治家自身か、或は独裁的権力と結びついた仏寺かの手に落ちている。室町時代の金閣寺や銀閣寺はその代表的な例であるが、その後秀吉が権力を握った時には、京都附近で最も雄大な地勢を背負っている桃山の地を掌握した。こういう土地の選択は、勿論こういう方面に特殊の才能を持った人にやらせたのではあろうが、しかし結局義満とか秀吉とかがその土地を選んだということにならざるを得ないであろう。また実際、金閣寺の地は義満の気宇を、桃山の地は秀吉の気宇を、示しているとさえも云えなくはないのである。しかもそれらの土地の眺望は、それぞれその時代の好尚を実によく代表的に示している。英雄とはそういうものなのであろう。

土地に次いで岩石もまた独裁的政治家と特殊な関係を持つといえる。元来岩石というものは、京都のように岩石に不自由しない土地でも、庭を作る場所に必要なだけ転がっているというわけのものではない。やはり相当に労力をかけて鞍馬あたりから運んで来なくてはならない。その運搬がどれほど大仕事であったかは、信長が二条城の石垣を作らせた時の記録を見ても、おおよそ推測することが出来る。つまりこれは、独裁的政治家が、いかに多くの人力を意のままに使い得るかということの、示威運動としても行われたように見える。秀吉は大阪城の石垣のために、一層大仕掛な巨石運搬をやらせた。これは日本でのレコードではないかと思われる。それほど岩石運搬は独裁政治と結びついているのであるから、造園のための岩石運搬の如きは、独裁政治家にとっては易々たるものであったであろう。

以上の如く、庭園のうちの動かない部分を形成する土地や岩石において、多くの人手を自由に使い得る独裁政治家は、特に有利な地位を占めていたわけであるが、次いでそこへ植え込む草木、即ち庭園のうちの動く部分についても、人手は勿論自由に使えたのみならず、生きて育つものを取扱うという点において、おのれの素質や平生の心使いに適合するものがあり、みずから人々に指図し得るような識見を持ち得たと思われる。人々に作らせたのであるに拘わらず、その庭園が独裁政治家の名と結びついているのは、故なきことではないのである。

明治以後は政治の形態が変り、政治家がその握っている権力をおのれの造園の方へ向けるなどということはなくなったが、しかし政治家の中から造園に巧みな人が出るという事態は変っていないと思う。その著明な例は山県有朋である。無隣庵の庭は彼の造園の手腕が非凡であったことを示したものと云われている。彼の作ったいくつかの庭園の土地の選定に関しては、山県は別に権力の地位を利用したわけではなかろう。それは明治以後の富豪が財力を以て易々としてなし得た程度のことに過ぎまい。特に無隣庵の土地の選定などは、その財力よりもむしろ庭園芸術家としての鋭い洞察力を示したものとさえ云えるであろう。というのは、無隣庵の敷地は、南禅寺の外のインクラインの橋のたもとを頂点とし、北側に壕傍の電車道路、南側に南禅寺へ真直に突当る道路を控えた、比較的せせこましい三角地面であって、普通の人にはさほど好い土地とは思えないところである。然るにこのせせこましい土地に作られた庭は、中へはいって見ると、まことに広大な、少しく誇大していえば雄大な印象を与える。そういう手品のような効果を造り出しているのは、主としてこの土地の優れた環境的地位なのであって、それを山県は実に鋭く捕えているのである。三角地面の尖っている方向に南禅寺があり、その南禅寺の樹立のうしろに東山が控えているこの地勢では、さほど広い地面を使わなくとも、背後の景色を悉く取り入れることが出来る。そういう点でこの敷地は、ミニマムを以てマキシマムを活かせたものといえるであろう。その後、南禅寺と鹿ヶ谷との間には、いくつかの貴族富豪の名園が作られたが、或意味ではこれらの作は、山県の非凡な眼力に導かれたものと云ってよいのである。

これらの名園を作ったのは多く実業家であって政治家ではないが、しかし明治以後においては、多数の人々を巧みに統一して行くという心使いは、政治家よりも一層強く実業家において実践されていると云ってよいかも知れない。従って昔の独裁政治家のような心の働きが、政治家や官吏にではなくして、むしろ民間の人々に、即ち大きい事業を指揮し、多くの人々を統率し、その中から優れた人材を巧みに使い活かせて行ったというような、力強い実業家に、現われて来たとしても、不思議はないであろう。実際明治以後には、そういう人々の中から優れた庭作りが出ているのである。

五　桂離宮の庭園の構想

八条宮は日本の生んだ稀有な英雄豊臣秀吉と近く接触した人であったが、しかし自分ではそういう独裁政治家の立場に立たず、政治的にはむしろ隠遁的な地位に立っていた。また財力の上から言っても、知行三千石という暮らしでは、あまり豊かであったとはいえない。しかし皇弟であるという身分と、その豊かな教養や優れた芸術的才能は、実際の権力や財力に比して遥かに大きい影響力を八条宮に与えていたであろう。そうして八条宮がその影響力を徒費しないで、人々の間に調和や統一をもたらすように、それを生かせて使おうとする性格の人であったことは、およつ御寮人事件に関する蔭の働きなどによっても、ほぼ察することが出来る。その八条宮は、日記によっても知られるように、若い頃から庭作りに興味を持っていた人であった。たとい独裁政治家のように人力を無制限に使うことは出来ないにしても、加藤清正とか、加藤左馬助《さまのすけ》とかという有名な大名たちが、八条宮に石を進上したという云い伝えによって知られるように、三千石の知行には不釣合いなほどの人力を集めることも出来たのである。だからこの八条宮が桂離宮の庭園の実際の作家であったとしても、別に不思議なことはないと思う。

ではその八条宮が、後陽成院の女御やその御子の近衛信尋などにすすめられて、いよいよ昔の藤原氏別荘の遺跡に手をつけようと思い立った頃に、その心に往来した庭園の構想はどんなものであったであろうか。

八条宮が瓜畑のかろき茶屋を出て、遺跡の中に歩み入った時に、先ず最も眼についたのは、前に言ったように、西北から東南の方へ一文字に細長く一町半ほどのびていた水溜りと、その水溜りの東北側や西南側に生い茂っていた松林などであろう。古い根株の証跡によって察すると、斜めに西北から東南へのびる水溜りを挟んで、東と西とに大きい松樹が対峙していたことは確かである。こういう風景は、広々と続いた瓜畑を越えて京都盆地を囲む山並を眺める風景とは大分違う。瓜畑の茶屋から出て来て、この廃園の景色に対した八条宮は、これをどういう風に処理しようと考えたであろうか。

古来しばしば言われているのは、八条宮が源氏物語から構想を得てこの庭を作られたということである。源氏物語は八条宮の教養の基礎となっていたもので、絶えず愛読していられたに相違ないし、また源氏物語のなかに桂の院という源氏の別荘のことが語られているのでもあるから、後の人が桂離宮から源氏物語を聯想したのは勿論として、当時の人でも、その庭園や建物が出来たばかりの時に、すぐ同じ聯想を持ったであろう。

それを示しているのが金地院崇伝の『桂亭記』である。否、傍の人がそうしたのみではない。八条宮自身も崇伝などとそのことを語り合われたかも知れない。もともと近衛前子が八条宮にこの造営をすすめたのは、古い藤原氏の別荘の遺跡であるが故であり、そうしてその別荘は源氏物語の桂殿のモデルだったに相違ないのであるから、そういう点が話題に上ったのは当然のことなのである。しかしそれは果して八条宮が源氏物語から構想を得られたということの証拠となるであろうか。八条宮が具体的にここの水溜りや、それを東西から取り囲んでいる松林などを眺めつつ、これをどういう風に処理しようかと思いを廻らしていた時に、源氏物語のどういう箇所がどういう風に構想を与え得たであろうか。例えば『松風』の巻に出ている大堰の山荘とか、『胡蝶』の巻の初めの六条院の庭とかを取って考えて見ても、池とか中嶋とか松とか、或は桜とか藤とか、どの庭にでもありそうなものが共通だというだけで、特に桂離宮の庭に構想を与えたと思われるような描写はそこにはないように思われる。森蘊氏は特に『乙女』の巻の中の「南東は山高く」から「深山木どもの木深きなどを移し植ゑたり」に至る箇所を引用して、「これらは巧みに桂離宮の景観中にとり入れられてある」と言っているが、しかしこれは六条京極あたりの中宮の旧い御殿のほとりを四町占めて造営した六条院の描写なので、西南の町がもとからの中宮の御殿、東南の町が殿の住居、東北の町が東の院の対のおん方、西北の町が明石のおん方と、四つの住居を含んでいる。随って「南東は山高く」というのは、南東の区劃においては庭の山を高くして春の花の樹を数多く植えているという意味であって、御殿から南東の方向に高い山を作ったという意味ではあるまい。あとに書き列ねてあるのも、西南の中宮の区劃における紅葉山や滝、北東の区劃における涼しい樹立や馬場、西北の区劃における菊の籬や木深い深山木など、皆それぞれ独立の庭としてであって、一つの大きい庭園の描写ではない。この中から桂離宮との相似を読み出すというのは、よほど主観的な解釈といわなくてはなるまい。

この源氏物語説に対抗して、堀口捨己氏は、その『桂離宮』のなかで古今集説を提出していられる。八条宮は桂離宮の庭の構想を源氏物語から得られたのではなく、古今集の序から得られたのであろうというのである。前に言ったように、八条宮は細川幽斎から古今集伝授を受けられた方であって、古今集との関係が特別に深い。その古今集の序に、「高砂すみの江のまつもあひおひのやうにおぼえ」という箇所があって、その高砂の松は万葉集を、住の江の松は古今集を指すと解せられている。この解釈は謡曲の『高砂』を通じて広く古今万葉伊勢源氏を教養の拠り所とする世界に行きわたっていた。然るに、八条宮の作られた桂離宮の庭の池のほとりには、二本の大きい松樹があって、それが住吉の松、高砂の松と呼ばれていた、と言い伝えられている。その命名が八条宮から出ているとすれば、それが古今万葉を象徴する松であることは疑いを容れない。とすると、この二つの松がこの庭において勤めている役目はよほど重大だということになる。

で堀口氏はこの二つの松の位置を追跡した。住吉の松の方は、住吉の松跡と言われている場所にあったに相違ない。それは御幸道の方から来て、中門の直ぐ前の土橋にかかろうとするちょっと手前で、直角に左へ池の中に突き出た尖端である。古書院の露台に立って、東北の方向に池を眺める時には、池の左の端、月波楼の右手に見える。他方、高砂の松は、多分、高砂の浜と呼ばれていたところにあったのであろう。そこは今石浜と呼ばれているところで、平べったい小石を並べた浜が池の中へ突き出ている。これは露台から見ると、住吉の松跡よりは右手であるが、松琴亭よりは左手で、ちょうど池の向う側になる。ところで、二つの松の位置が以上のようであるとすると、蘇鉄山のある半島はこの二つの松の間へ突き出ていることになる。そうして、今はないが、曽てはこの半島の突端から松琴亭のある対岸へ、朱塗欄干附の大橋がかかっていた。そこで堀口氏は、「池をはさんで、互に見合ふ大きな松、その間に朱塗の大橋、これが昔、桂離宮の庭を、組み立てゝゐた最も著しい見所の中心であつた」という。これが、八条宮は古今集の序から構想を得たという考の大要である。

わたくしはこの考を大変面白いと思う。特に、ここに問題とされている構想が、単に二本の松の命名に関するのみであって、庭の形づけに何ら関するところがないという点が面白いと思う。庭に二本の大きい松樹があって、それが池越しに見合っているという形は、古今集の序から思いついたものではあるまい。また万葉集を現わす松がどういう形であり、古今集を現わす松がそれとどう異なっていなくてはならないかということも、古今集の序から知ることは出来ない。しかし二本の松が高砂の松住吉の松と命名されて、庭の中心となるほどに重んぜられたということは、われわれにこの庭の最初の輪郭を髣髴せしめる。そうしてまた八条宮が、水溜りや松林のどの点から手をつけ始めたかということをさえも、われわれに示唆してくれるように思える。

　前に言ったように、八条宮の前に素材としてあったのは、細長い水溜りと、両側の松林とであった。その松の木のうちに相当の老樹があったことは、月波楼の側《そば》と松琴亭のうしろの丘とにあった根株によって立証されている。そうなると、月波楼の側から三四間のところにある住吉の松跡に、その当時すでに松の老樹があったことは、ほぼ確実だといわなくてはならない。他方、高砂の松のあったところは、松琴亭のうしろの丘にそれほど近くはないが、しかし松琴亭のあたりの松林がここまでのびていたと考えても、さほど不自然ではない。あとで問題にするが、石浜のあたりの池は、八条宮の庭作りの最初の段階において掘られたものらしい。随ってその工事に着手する前に、今の石浜とか、天の橋立とかのあるあたりに、何本かの松樹が立っていたということは、極めてあり得ることなのである。またその松のうちに、一本特に目立つような形のものが、ちょうど今の石浜のあたりにあったということも、同様に極めてあり得ることである。そこで八条宮は、最初に松琴亭前の池を掘らせる時に、この二本の松を残して、それが池越しに互に見合うような風に、形をつけたのだと推測することが出来る。或はまた逆に、この二本の松の相対する形を生かせるために、その間に池を掘ろうと考えついたのであったかも知れない。

　このように、藤原氏別荘の遺跡に古くからあった二本の松を利用して、それで以てまずこの庭の輪郭をきめたのであったとすると、それに住吉の松とか高砂の松とかという名を与えたのは後のことであるに相違ない。しかしまたそういう名を与え得るためには、この二本の松があまりに名に背く形をしていても困るであろう。住吉の松や高砂の松は、海岸で風に吹き慣らされつつ年を経た老松らしく、横へ大きくうねった形をしている。この形は住吉高砂などの名に本質的に結びついたものである。然るに京都盆地の普通の松の形は、それほど低く横へのびたものではない。その後長年の間にこの庭で育った松を見ても解るように、通例の松の形は、高く上へ聳える形である。そうして、そういう丈《たけ》の高い松として、中々形がよいのである。しかしいくら形がよくとも、丈の高い松では、住吉の松高砂の松という名にふさわないであろう。とすると、右の二本の松がこれらの名を得たのは、それらが土地の松の普通の形と違って横にうねる形をしていたからであろう。少くとも住吉の松がそうであったことは、ほぼ立証することが出来る。というのは、この松は、数百年来の深い水溜りの土手の斜面に、それも水溜りの西側の殆んど端の方にあったのであるから、生長して幹が太るに従い、漸次水の上へ、即ち東の方へ、傾いて行ったのである。またその傾きに随って枝ぶりが東の方へ乗り出すような形になって行ったのである。古い桂別業の絵図面には、この箇所にそういう松が描かれている。それに比べると高砂の松の方は、古い水溜りから大分離れた場所にあって、同じ原因から傾いた形になったとは思われない。しかし何かの原因で、普通の松のように上へのびず、西の方に傾いて育ち、ちょうど住吉の松と呼応するような形になったということはあり得るのである。それは偶然の形であろうが、八条宮はそれに著目して、多くの松樹のうちから特にこの松を選び出し、それをこの庭の要《かなめ》になるように取扱われたのであろう。

　もしそうであったとすれば、この二本の松を選び出したのは純粋に形の上からの必要であったとしても、それによってこの二本の松が住吉の松高砂の松と命名され得るような素地を作ったことになる。更に一歩を進めて言えば、八条宮がそういう形の松を多くの松のなかから選び出されたということには、住吉の松や高砂の松を有名ならしめたと同じ伝統が、随ってまた古今集の序に現われているような感じ方が、基礎となっているかも知れない。そうなると、この庭の構想は古今集の序から来ているということと、非常に近くなってくるのである。

　それと共にまた、この二本の松の存在からして、われわれは最初の池掘りの計画の意図をも推測し得るように思う。というのは、この二本の特別な形をした松樹を庭の要《かなめ》として生かして使うためには、その間に群れ育っていた多くの平凡な形の松が取り払われたことを意味するのであるが、その取払いは同時にまた池掘りの工事に進展し、それによってこの庭の輪郭を一層はっきりと極《き》めて行ったであろうからである。その池というのは、住吉の松の直ぐ対岸においても東北の方へ少しく掘り広げられてはいるが、主として細長い水溜りのちょうど中央の部分を東北の方へ奥深く掘り広げて行ったものである。勿論これに対応して、水溜りの西南の方へも掘り広げられ、それによってこの池は初めの水溜りの三倍位の広さになるのであるが、しかし二本の松と直接関係するのは、この東北の方向への掘り広げである。渚の線も非常に複雑であるし、その渚を固めた石組のやり方も非常に念入りで、庭のこの部分がよほど重要視されていたことは素人眼にもはっきりと解る。それは、二本の松樹が対峙しているこのあたりに、この庭の一つの重心があったことを示すものであろう。

　そのことは、一つは松琴亭がこの掘り広げられた池に正面を向けて建てられていることによっても察せられるが、もう一つは、古書院の露台が、月見台として月の出る方向に向っているにもかかわらず、ちょうどこの二本の松の方向でこの庭の最もよい眺望に面するようになっていることからも知られる。今ではその松もないし、庭の周囲の樹が成長していてこの庭園を周囲から切り放しているので、この点はあまり人目につかないが、古書院の露台に立って庭のこの部分を眺めると、ちょうど二本の松の中間に蘇鉄山があり、その方向の遠くに比叡山が位している。それと同じように、松琴亭の正面にも池越しに蘇鉄山があって、その方向の遠くに愛宕山が位している。これはわたくしには偶然のこととは思われないのである。桂川のほとりの瓜畑の眺望から出発した八条宮が、この藤原氏別荘の遺跡の松林を処理する場合に、一歩松林から出て桂川の土手に立てば目の前に展開するあの山並の姿を、捨てて顧みないなどとは、どうしても考えることが出来ない。だから多くの松を切って二本の老松を残すというやり方、或はその松のあったあたりを池にしてしまうというやり方は、恐らくこの山並の姿を庭へ取り入れようという意図を示すものであろう。それほどにしても東山や西山のような低い山並はうまく取り込めなかったかも知れない。しかし少くとも比叡山と愛宕山とは取り入れ得たであろう。その比叡山は、古書院の露台に立って二本の老松の方を眺めれば、ちょうどその中間の空にゆったりと横わっている。愛宕山も、松琴亭の前に立てば、その黒々と茂った頂を望むことが出来る。そういうのが最初の八条宮の意図であり、そうしてそれは難なく実現されたのであろう。

しかし以上は古い水溜りの東北の側に池を掘り広げた工事の意図であって、西南の側のそれと関するところがない。西南の側も恐らく同じ時に掘られたのであろうが、東北の側を掘る際に古い水溜りから大きく彎入させたあたりは、西南の側では小島を列ねて居り、東北の側で天の橋立とか石浜の岬とかいろいろと複雑な意匠を凝らしているあたりは、西南の側では何もない湾になっている。古書院の月見台の正面へくるのは、この湾なのである。随ってこの側の池掘りの工事が、月の出の方角と何か関係を持っているらしいことは、これも素人眼に解ることである。

森蘊氏の『桂離宮の研究』（一〇六―九頁）によると、古書院や中書院の方位角は、寛永元年の中秋名月の夜の月の出の方位角と、ほぼ一致しているという。精確にいえば、月見台の向っている方角は、月の出の方角よりも五度ほど右へずれているのであるが、しかし京都盆地では地平線での月の出が見える筈はなく、桂離宮から見るとすれば、外が見晴らせたとしても稲荷山からの月の出が見える位のもの、実際はその方向に庭内で最も高い中島があるのであるから、その中島からの月の出しか見えず、その月の出の位置は五度位右へ寄っている筈である。随って右のずれは、月見台が実際上の月の出の方向へぴったり合っていた証拠にもなる。八条宮は、この方向から昇ってくる月を池越しに眺め得るように、池を掘らせたわけである。

そうであるとすると、池を掘った土をこの中島に盛り上げさせ、この方向の外の眺望をむしろ塞ぐかのように処理した八条宮の意図も、容易に推測することが出来る。東北の方向の比叡山、西北の方向の愛宕山を眺める場合と異なって、ここでは月夜の眺めが問題である。勿論月夜でも、山の上などで広々と見晴らす場合には、山々の姿が美しく見えるであろうが、京都盆地の西の端から、東南方へ一里距っている稲荷山を眺めるというような場合には、そうは行くまい。だから、そういう眺望を捨て去って、すぐ眼の前に幽邃な山と水との姿を作り出し、その上を中秋の名月に照らさせようという考の起るのは、いかにも尤もなことなのである。

以上のように、古い水溜りの東北の側を掘り広げて作った池の部分と、西南の側を掘り広げた部分とは、それぞれ異なった意図を明白に示しているのであるが、これらの部分が第一次造営の最初に着工されたものであることは、ほぼ確実であろう。森蘊氏の『桂離宮の研究』（六頁、一七三頁）によると、これらの部分は古い水溜りよりもずっと浅く、中心部で深さ三尺位、周辺は二尺位であって、底には大小の玉石が敷きつめてあるという。そのうち東北側の部分は広さ六五〇平方米、掘り出した土の量は約千立方米と推定される。この土は多分松琴亭の背後や対岸の築山に用いられたであろう。また西南側の部分は広さ約千四百平方米、掘り出した土の量約二千百立方米で、その土は主として賞花亭のある大きい中島に盛り上げられたと推定される。それらの工事は遅くとも寛永元年夏頃までにはすんでいたであろうと森氏も見ている。この工事の開始されたのは多分元和六七年の頃であろうから、寛永元年夏頃までには三年以上かかっているわけであるが、三千石の知行の上に立った工事としては、たとい近衛家などの援助があったとしても、工事の速度の緩やかなのが当然だと思われる。

さて最初の池掘り工事が以上のような意図のもとに進められていたとすると、水溜りの東北の側の池掘りに対応して松琴亭が、また西南の側の池掘りに対応して古書院が、建てられたであろうことも、推測するに難くない。これらの建物の向いている方向は、池の掘り方や、池の周囲の庭の作り方とぴったり合っている。だから庭作りと家の建て方とは同一の意図に従っているのである。その他になお最初の月波楼の建物もこの時に出来たのであったかも知れない。

こうして第一次造営が、寛永元年夏頃までにほぼ出来上ったであろうと推定されるのは、相国寺顕晫の『鹿苑日録』寛永元年六月十八日の条に、

赴桂八条親王別墅、庭中築山鑿池、池中有船、有橋、有亭、亭上見四面山、天下之絶景也、及暮而帰矣。

と記されているからである。これは八条宮が日記に「下桂茶屋普請スル」と記された元和六年六月十八日からちょうど満四年を経た同じ六月十八日で、何かいわくがありそうに思われる。八条宮はこれを記念日として、漸く客の出来そうになった桂の別業に、顕晫たちを招待されたのであったかもしれない。顕晫の見たところでは、池を中心とする

桂離宮の庭作りは、大体出来上っている。しかし建物がどれだけ出来ていたかは、この記事では明かでない。「亭」とはどれを指すのであろうか。もしそれが、賞花亭のある中島の絶頂にあった小亭を指すとすれば、当時まだ古書院や松琴亭が出来ていなかったか、或は顕晫が古書院や松琴亭を無視して、今痕跡を残すに過ぎない小亭をのみあげたことになる。しかし古書院や松琴亭が出来ていなければ、八条宮が顕晫を招かれる筈はないであろうし、すでに出来ていたとすれば、それを顕晫が無視する筈はない。それらの点から考えて、ここの亭は古書院や松琴亭を指すと認めざるを得ない。それを人が躊躇するのは「亭上見四面山」と記されているからである。今では庭園の周囲の樹木が大きく、古書院や松琴亭から四面の山を遠望することは出来ない。随って四面の山を見たのは、庭園中で最も高い中島の頂上であろうと考えることになる。しかし八条宮がこの庭を作り始めた時には、瓜畑からの四面の山の眺望を非常に愛する人として、この庭園の中の多くの樹木を切り払った筈なのである。そうして松琴亭からは正面に愛宕山が見えるように、古書院の露台からは住吉の松と高砂の松とのちょうど中間に比叡山が見えるように、庭も建物も作ってあるのである。随って「亭上見四面山、天下之絶景也」という文章は、少しく誇張ではあるが、八条宮の庭作りの意図を汲み取って、それを讃えたものにほかならない。

寛永二年秋九月、南禅寺の金地院崇伝は、八条宮に招かれて桂別業に遊び、『桂亭記』を書いた。これは顕晫の記事よりはずっと詳しい記述であるが、どうも文章に飾りが多く、詳しいわりには実がない。しかししばしば引用されている箇所、

今際二聖代一、課二万夫百工一、引レ流、為レ山、構二華殿一、築二玉楼一、盤々焉、囷々焉。

を取って見ると、顕晫が庭について山、池、船、橋などに言及しているのに対し、崇伝はただ流と山とをいうのみであるが、建物については、顕晫が「亭有リ」というのみであるのに対して、華殿、玉楼をあげ、そのあとに盤々《ばんばん》焉、囷々《きんきん》焉とさえ形容している。この盤々たり、囷々たりという形容は、杜牧が阿房宮の形容に使ったので有名になっていたものである。阿房宮のようにぐるぐるめぐった形をしているとすると、桂離宮の建物が今のように古書院、中書院、新御殿と折れ曲って続いていたとしても、まだ足りない位である。だから古書院だけの場合はいうまでもなく、中書院がすでに出来ていたとしても、この形容は少し誇張になる。しかしまた、それほどの華殿玉楼の存在を認めながら、その全体を「桂亭」と呼んでいるところを見ると、亭という言葉が決して小さい四阿《あずまや》などだけを指すのではなく、古書院や松琴亭の存在を眼中に置いて、「亭有リ」と記したとしても、少しも不穏当ではない、ということが明かになる。それやこれやを突

き合わせて、わたくしは、寛永一二年《いちに》の頃に出来ていたのが、古書院と松琴亭の母屋と（その他に或は月波楼と）だけではなかったかと考えたのである。

これは中書院や松琴亭の裏廻りなども寛永一二年の頃までに出来ていたとする考と大分違うことになる。即ち第一次造営が寛永一二年の頃までに完成せず、寛永三年以後にも続いたであろうとする推測を伴ってくる。しかもこの寛永三年以後の造営のうちに、桂離宮の庭と建築との最も特徴的な、また最も優れた部分が属していると考えることになる。わたくしにそういうことを考えさせたのは、一つは加藤左馬助進上の奥州白川石の伝説であり、もう一つは八条宮妃常照院殿の消息のうちに出てくる「いよ〳〵思《おぼ》し召す御儘《まま》に御普請遊《ふしんあそ》ばされ候はんやうの御事《こと》」という文句であった。これらによって考えると、八条宮の最も円熟した製作欲が比較的自由に発揮されたのは、寛永三年よりも後の、晩年の三年ほどの間だということになる。

次にはこのことを一つずつ詳しく取り上げて見ることにしよう。

六　加藤左馬助進上奥州白川石

今「古書院」と呼ばれている建物が、松琴亭の母屋と共に、この庭園に最初に建てられた建築であったとする。この古書院の池に面した側には、月見台と呼ばれる竹の露台が突き出ている。この側《がわ》の古書院の姿は多分最初のままであろう。この露台から出来立ての庭を望んだところを想像すると、まず正面左手には広々とした池のただ中に三つほどの小さい島（今は二つであるが、森蘊氏によると、初めは三つに切れていたらしい）が浮んで見え、その右の水面が正面を奥深く彎入して行く。その先には高く盛り上げた築山があって、その頂上は園中での最も高い場所になっている。そこに植えた松や杉はまだやっと根ついた程度で、今のような鬱蒼とした姿とはまるで違う。しかしこの正面の方向は、前に言ったように月の出る方向であって、月見の晩にこの月見台から眺められるのを主眼としている。随ってそれは月を引き立てるような姿であればよいのであって、それ自身に優れた眺めである必要はないであろう。そう考えると、築山の上の樹々が育って、鬱蒼とした老樹が池の奥を囲んでいる現在のこの正面の眺めは、最初の正面の眺めを本質的には変えていないと言えるかも知れぬ。それに比べると、露台から左手の方を眺めた場合は、今とはよほど違う。左端には池に臨んで住吉の松があり、右手には池越しに高砂の松が見える。その中間には石組の際立って感ぜられる低い岸が池の中へ突き出ていて、その渚には小さい松を植え、その松の背後に、ほんの少し小高いだけの蘇鉄山がある。そうしてその上の遠くの空に、比叡山のゆったりとした姿が見える。これは正面の眺めとは異なって、この庭の最も人目をひく眺め、恐らくはこの庭の要《かなめ》となる眺めであったであろう。

ところでこの眺めは、露台から見て東北の方角である。この方角が庭の枢軸となったのは、その方角に比叡山が見えたからであろう。がすでに東北の方を開いたとなると、それとの対照から、東南の方を閉じるということも考えられる。露台からの眺めを東北から漸次東の方へ移してくると、すぐ前に小さい中島が、今は二つであるが、もとは三つあり、その背後に松琴亭がある。松琴亭がまだ出来ていなかった頃には、その背後の小高い丘が目立ったであろう。その丘のうしろには更に外山の丘がある。これらはいずれも東北の方角にあるそてつ山などよりはずっと高い。今はこのあたりに松の樹はあまりないようであるが、松琴という名の起りを考えると、最初これらの丘は松樹に覆われていたに相違ないと考えられる。また実際、そこに古い松の根株も見出されている。この松の生えた丘の方角が丁度清水の山や阿弥陀ヶ峯に当るのであるから、そこに小高い丘やその上の松樹の群生をそのまま残して置いたということは、この東山の遠望を勘定に入れていなかった証拠であろう。

この小高い丘の右側、もとは三つであった中島の真うしろで、池は大きく東南の方へ彎入している。これはもとの古い水溜りを利用した部分である。その水溜りはここで南の方へ少しく向きを変えていたのだそうであるが、その曲り角で古い水溜りを埋めて、賞花亭のある築山が三つの中島の真うしろまでのびてくるようにしたのだという。この大きい築山は、第二次造営の時に周囲を掘って島にしたわけであるが、しかし樹木が茂っているせいか、今でも島という印象は与えない。第一次造営の時には実際上島でもなかったわけである。その点を考えると、賞花亭のある高い築山が、古書院の露台から正面を眺めた場合に、その視界を区切るための屏風の役目をするように、わざと高く築かれたことは確かである。

して見ると、池を掘った土は主として東南の方角の築山に積み上げたのであって、西側の古書院の地盤や、北側のそてつ山のあたりに盛った土は極めて僅かである。随って、東北比叡山の方角を開き東南阿弥陀ヶ峯稲荷山などの方角を塞ぐということは、最初池を掘らせにかかられた時に、すでに八条宮の胸中にあった方針だ、ということにならざるを得ないであろう。

現在の桂離宮においては、古書院、中書院、新御殿と鍵の手に折れて続いている宮殿の南側に、坦々たる平面と、直線的な区切りとで出来た、明朗な庭がある。蹴鞠の場と呼ばれている広々とした芝生は、宮殿の軒先で直線的に仕切られているが、その芝生のはずれには、直線的に二列に並んだ桜の並木が左右にのびて居り、その向うに並木と平行した直線的な馬場がある。その馬場の向うの区切りがまた直線的な並木や道であり、馬場の左右のはずれにも、その道と直角的に交わる直線的な道や敷石がある。この庭の明朗な感じはこの直線から来るのであるかも知れないが、しかしこの庭が新御殿造営以後のもの、即ち桂離宮の第二次造営に属するものであることは、疑いがないであろう。従ってわれわれは、最初池を掘り始められた時の八条宮の計画の中に、この平坦な庭があったとは、考えるわけに行かない。だからここでの考察には、この宮殿南側の庭は除外せざるを得ないのである。

と云っても、最初古書院だけが建てられた時に、このあたりが全然手をつけずに放置されていたという意味ではない。池を掘った土を古書院のある場所に盛らせながら、そこから南方一体の平地には少しも盛らせなかった、ということの中には、すでにこの宮殿南側の土地の扱い方に対する一つの態度が見られる。その時に、今のような平面的直線的な庭がすでに作られたのではなかったとしても、そういう庭が作られ得る素地は、すでに八条宮によって作られたのである、ということは、言えなくもないと思う。しかしその時のこの庭の姿を、今の庭の姿から推測し出すことは、ちょっと不可能である。だから今、八条宮の最初の計画を推測して見ようとする試みからは、この部分は除外するほかないのである。

そうすると、八条宮の最初の計画を幾分か捕え得ると思われるのは、池とその周辺、特に東北から東南へかけての池の周辺である。そこには初めの地割りがほぼそのまま残っているらしい。また池を掘った時に、その土を積み上げて作った外郭や島の丘の高さなども、ほぼ初めのままであるらしい。これらのことは、もし精細に突きとめて見る必要があれば、相当細かに分量的に追跡して行くことの出来る問題である。従って八条宮の最初の計画は、庭の骨格として今なお厳存しているのであって、単なる想像に過ぎぬのではない。後の庭樹の繁茂はいろいろに最初の計画を覆いかくしてはいるが、しかし大体において東南の半分の外郭や島に小高い丘が多く、東北の半分は比較的低く、平べったくなっているということは、動かないところである。この地割りや土盛りのやり方は、住吉の松と高砂の松との間から比叡山が見えていたであろうという前の推測と、丁度合致してくるのである。

地割りに次いで最初の計画を保存しているであろうと思われるのは、石組である。池の周辺では、東北の半分、即ち土地が平べったくなっていて、低い岸辺が池の中へ突き出ているあたりに多い。小さい中島の東北側の岸辺にも少しある。大体において、もと松琴亭へ渡る朱塗欄干の大橋があったところを中心として、その周囲に集まっていると云ってよい。

この石組に使ってある石は、附近の桂川の川原に転がっている石とはまるで違って、あまりごろごろ転がったことのない山の石を運んで来たもののように見える。随ってそういう石を多量に使って渚に石組を作っている部分は、池の周辺の中でも、特に重んぜられている場所だといわなくてはならない。その意味から云って、もとあった朱塗欄干の橋というのが、非常に重んぜられていたものであったことも解るのである。

朱塗の橋のなくなっている今では、石組の多い渚に最も縁の深いのは、松琴亭だということになる。そう思って眺めていると、何となく松琴亭が周囲の石組の中心になっているように感ぜられるであろう。朱塗の橋のあった頃でも、その橋は、松琴亭へ渡る橋にほかならなかった。従ってこの橋から石組を眺めるように出来ていたとすると、それは松琴亭へ渡る途中の眺めにほかならなかった。橋を渡らずに、渚伝いに松琴亭のにじり口の前の石橋へ出る道も、同じように石組を眺めるように出来ている。即ち松琴亭へ行く道は、いずれを取っても石組の眺めを十分に味い得るように出来ているのである。それほどであるから、石組は、目的地の松琴亭から眺めた場合に、最もよく見えるように出来ているのだとしても、不思議はないのである。その最もよい証拠は「天の橋立」

であろう。これは朱塗の橋と渚伝いの道とのちょうど中間の池の中に、二つの小さい島を作り、それを二つの石橋で蘇鉄山下の岬へつないだものであるが、多分、石組を見せるためにのみ考案されたものと思われる。随ってこの半島の石組は、橋の上から眺めても、渚道から眺めても、同じように形のよいものであった筈であるが、さらにそれを松琴亭の正面から眺めると、背後に石浜や滝口などを控えて、最もよく整った形に見えるように思われる。こうなると、このあたりの石組が、松琴亭を中心として出来ているという考は、よほど尤もらしくなってくるのである。

果してどうであろうか。この庭の石組は、松琴亭の建築と相伴ったものなのであろうか。或は松琴亭の建築よりも後に引続いて工作されたものであろうか。或はまた、一部分は松琴亭の母屋と共に作られ、他の部分は松琴亭の改造に伴って作られたのであろうか。

『鹿苑日録』や『桂亭記』の記すところを解釈して、寛永一二《いちに》年の頃に桂の別業に建っていた建物は、古書院と松琴亭母屋と最初の月波楼とであったであろうと前に言ったが、これは桂離宮の第一次造営の期間を、通例の説の元和六年乃至寛永一二年の四五年間から、元和六年乃至寛永六年の九年間程に延長することを意味する。これは一つは知行三千石の八条宮の財政状態から言って、工事が迅速であった筈はないという推測に基くが、おもな理由は、第一次造営の時に作られたと考えられている庭園や建物のうちに、明かに二つの異なった意匠の流れが存して居り、それが相次いで八条宮の心に浮んで来るためには、相当に長い年月を必要とするということである。そうしてこの理由を証拠立てるかのような事実も、二三あげることが出来る。その一つが加藤左馬助進上の奥州白川石であり、他の一つが八条宮妃の書翰にある「いよ〳〵思《おぼ》し召す御儘《まま》に御普請遊《ふしんあそ》ばされ候はんやうの御事《こと》」という文句である。後者は松琴亭の茶室が建て増された後のことであるから、こういう建て増しの問題を考察した後に取り上げることにするが、前者は右にのべた石組と密接に聯関した問題で、しかもそういう石組の或部分が寛永四五年のものであることを立証するかのように見えるのであるから、ここにはまずそれを考察することにしよう。

加藤左馬助《さまのすけ》進上、奥州白川石というのは、松琴亭東北側の茶室の前へ流れの向うからかかっている長い石橋のことである。長さ三間八寸、幅二尺余、厚さ一尺で、反りのない、真直な石橋である。それが加藤左馬助進上の白川石であるということは、『桂御別業之記』の記すところであって、その他に証拠があるわけではない。とするとこの伝説は、『桂御別業之記』の中に並べて記されている「遠州好」ということと同等の信憑性をしか持たないことになる。然るにその「遠州好」という伝説をあまり問題にしないで、ただこの加藤左馬助進上という伝説のみを重視するのは何故であるか。

ここに遠州好として記されているのは、一つは右にあげた松琴亭の茶室である。この茶室は窓が多く「八つ窓囲」と呼ばれているが、その窓の多い所が「遠州好第一ノ所」だという。もう一つは、流れの向うから右に言った石橋を渡って来たところの右手に、流れのそばへ下りて行く石段を自然石で三段に作り、その下、流れの中に、大小四つの石を飛石のような工合に並べている。これが「流れ手洗」で、同じく「遠州好の第一」と記されている。ところでこれらは「遠州好」というだけであって、遠州の作と断じているわけではない。殊に「此御茶屋に明り窓多し、遠州好也。八幡滝本坊にも遠州の八窓有。くらき所なきよし。夫にひとしき也。茶事巧者の人、わけて此一亭を感称すと」（森氏『桂離宮の研究』二二九頁）というような箇所を読むと、この記者が遠州好ということを立証しようとさえしているように見える。八幡にある滝本坊即ち松花堂昭乗の茶室は実際に遠州の作なのであろうが、それと同様であるから遠州好だということをわざわざ書くのは、この茶室が遠州の作であるというはっきりとした言い伝えのなかったことを示している。それに比べると、加藤左馬助進上という伝説は、極めてはっきりとしたものである。同じ伝説でも信憑性は明白に異なっているといわなくてはならない。

のみならず遠州伝説については、同じ『桂御別業之記』の巻頭に、次のような一節がある。適宜句読を切って記すと、

㈠御元祖一品式部卿智仁親王号桂光院御代、天正の末つかた、豊臣太閤より小堀遠江守政一号宗甫に命じて造進し給ふ。庭作、古書院、是なり。

㈡御茶屋は挽河台瓜畑の御茶屋ト云竹林亭を始として、月波楼梅の御茶屋又ハ月梅の御茶屋トモ云。

㈢其余、御二代二品中務卿智忠親王号天香院造増ありしも、遠州に伏見在役中毎々参上仰せて、悉く作らしめたまふ。

㈣其砌門弟両三輩出納大蔵少輔、山科出雲守、倉光日向守、玉淵坊遠州のさし図をうけてしつらひぬ。中にも妙蓮寺の玉淵坊勝れり妙蓮寺の中にも今玉淵坊の作庭残りし也。又妙心寺雑華院の庭、十六羅漢石など、玉淵坊の作庭顕然たり。（森氏『桂離宮の研究』二二六頁）

となる。この中で小堀遠州に関する記事がいかに出たらめであるかということは、天正の末の八条宮創設のことと桂別業の造営とをごっちゃにしていることによっても知られる。小堀遠州は八条宮と同年であるから、天正の末には十二三歳の少年であって、庭作りなどの出来よう筈はない。また二代目八条宮の造増、即ち桂離宮の第二次造営は、寛永十九年から正保二年頃迄と推測されるが、その頃はちょうど小堀遠州の江戸詰の時期で、自分のために作りかけていた大徳寺の孤蓬庵さえも人まかせにしたといわれている。

毎々参上などの出来る筈はない。のみならず、初代八条宮には出来るだけ近づこうとしていた遠州ではあるが、寛永六年八条宮が歿せられた頃から、むしろ宮家などに近寄らない態度を執り始めたといわれている。それは寛永四五年頃から大徳寺妙心寺などの禅僧たちが幕府の取締に対して反抗を始め、その結果寛永六年に至って小堀遠州の親しくしていた大徳寺の沢庵や江月が流罪に処せられたりなどしたからである。その後は「江戸への聞《きこ》え」を憚って公家衆などとは出来るだけ附合わないようにしていた。それやこれやを思うと、『桂御別業之記』の小堀遠州に関する記事は、全く信用が置けないということになる。

尤も『桂御別業之記』にはいろいろ異本がある。内匠寮本では、文句はほぼ同じであるが、しかし項目の順序が㈠㈡㈣㈢となっているので、門弟両三輩が遠州の指図の下に働いたのは、第二次造営の際ではなく、遠州十二三歳の頃のことになってしまう。それに比べると国立図書館本では、㈠㈡㈢㈣の順序は同じであるが、文句がひどく違う。特に天正の末つかた小堀遠州云々という出たらめな伝説を取り去った代りに、その遠州は庭作りを引きうけたのだという解釈が入って来ているので、項目の別け方を変えなくてはならなくなる。

㈠御元祖智仁親王 号桂光院 御代、造立し給ふ。古書院なり。

㈡御茶屋は瓜畑の御茶屋を始とし、月波楼 梅の御茶屋又は月梅の御茶屋とも云 を造らる。

㈢其余、御二代 天香院 智忠親王造増ありし。

㈣作庭の事は、小堀遠州政一 号宗甫 伏見在役中毎々参上にて悉く作らしむ。

㈤其砌門弟 出納大蔵少輔、長倉、山科出雲守両三輩 遠州の命をうけて手伝はしむ。中にも妙蓮寺の玉淵坊勝れり。妙蓮寺中には于今玉淵坊の作庭残りし也。又妙心寺雑華院の庭、十六羅漢石など、玉淵坊の作庭顕然たり。（同上、二二四頁）

これで見ると、建物については、初代八条宮の時に古書院、瓜畑の茶屋、月波楼が造られ、その余の部分は二代目八条宮の時に作られたのであるが、作庭の事は、遠州が全部引き受けていたという風に読める。初代八条宮が造営を開始された時から庭作りにたずさわっていたのでなくては、「悉く作らしむ」とはいえないであろう。しかしそうなると、「伏見在役中毎々参上」という文句が、事実に撞著してくる。小堀遠州が伏見奉行に任ぜられたのは、この庭の工事が始められてから二年以上を経た元和九年であって、その翌年の寛永元年六月十八日には、この庭の池、築山、橋、亭などがすでに出来上っていたのである。だからたとい遠州の参画が事実であったとしても、三年ほどの工事のうちの初め二年は「伏見在役中」ではない。そうして庭は、この初め二年のうちに、すでにおおよそ形をなしていた筈である。随って「伏見在役中毎々参上」によって庭を

「悉く作らしむ」ということは、全然不可能なのである。

こう見てくると、右にあげた国立図書館本『桂御別業之記』のこの記事は、豊太閤より小堀遠州に命じて云々という伝説を採録していないという理由で、前の内匠寮本よりも古い形を保存している、というわけでもなさそうである。文章からいえば、この方が反って不自然な手入れのあったことを思わせるところがある。即ち

其余、御二代……造増ありしも、遠州に伏見在役中毎々参上仰せて、悉く作らしめたまふ。

という箇所が、

其余、御二代……造増ありし。作庭の事は、小堀遠州政一号宗甫伏見在役中毎々参上にて悉く作らしむ。

となっているが、これは前に続いていた文章を途中で切って、そこに「作庭の事は」という主語を挿入したために、最後の同じ「作らしむ」という他動詞が、全く落ちつきの悪いものになってしまったことを示しているのである。

このように『桂御別業之記』のなかの遠州伝説は、もともと甚だしく不安定なもので、それ自身あまり信頼するに足るような印象を与えないのであるが、それに比べると加藤左馬助進上奥州白川石という云い伝えは、いかにも簡単明瞭で、これまで何人にも疑われたことはないようである。そこでわたくしは、この伝説を手がかりとして、この石橋の出来た年代を推測しようと試みたのであった。

加藤左馬助嘉明は、本来は参河の徳川の家人なのであるが、生れた年に有名な一向宗一揆が起り、父親がそれに荷担したために、翌永禄七年、一揆の終熄と共に、父親に連れられて国を去った。そうして父親が尾張で秀吉の家来となった縁で、左馬助も成人すると共に秀吉に仕えるようになったのである。出世の緒は二十一歳の時に賤ヶ岳の七本鎗の一人加藤孫六として働いたことであった。この時には五千石の賞をもらっただけであったが、二年後、秀吉が関白となった年には、伊予で六万石の大名にして貰った。やはり戦国時代でなくてはないような現象である。しかしその後秀吉が歿するまでの十三年の間には領地はあまり大きくなっていない。朝鮮でいろいろ功を立てて加増をうけたのではあるが、それでもやっと十万石であった。その左馬助がいきなり二十万石の領主になったのは、関ヶ原で徳川方についてからである。その時左馬助は三十八歳であったが、その後は徳川氏との折合いがよほど好かったらしく、二十七年後の寛永四年には、会津四十万石に転封されている。次男や聟などへの領地を加算すると、全部で五十万石になったといわれている。ここへ転封されてから四年、寛永八年に左馬助は六十九歳で歿した。

　ところで、ここでの問題は、左馬助進上の奥州白川石である。奥州白川石という以上は左馬助が会津の地に転封された寛永四年よりも後、左馬助進上という以上は左馬助が歿した寛永八年よりも前であろう。勿論、会津に転封される前に、伊予の大名として奥州白川石を進上することも、不可能なわけではない。しかし石の種類としての福島とか白川とかという名は、関東におけるほど京都地方へまでも響き亙っていたとは思えない。石は関西の方がずっと豊富だからである。その関西の方へわざわざ奥州から白川石を運んで来たことの背後には、どうも左馬助の会津転封ということがありそうに思える。いきなり四五十万石の大大名にのし上った左馬助が、新しい領地に近いところに白川石を見出し、それを丁度その頃石に執心していられた八条宮に進上したくなった、という風なことは、いかにもありそうなことである。しかしその八条宮は寛永六年に歿せられたのであり、また進上の白川石は離宮の重要な箇所にちゃんと嵌まっているのであるから、この白川石の進上は遅くとも寛永五年の頃のことでなくてはなるまい。なおこの種の石の運搬は多分農閑期を利用したであろうから、その点を考え合わせると、多分左馬助は、会津に転封された寛永四年の冬にこの石を運ばせ、寛永五年の春に桂離宮へ差出したであろう、という点まで推測することが出来るのである。

加藤左馬助がこの石の進上を思いついたのは、八条宮が石に非常な関心を持っていられたからに相違ないが、八条宮のそういう気持を左馬助が知っていたということは、八条宮との間に親しい交際があったからでなくてはなるまい。左馬助がどうして八条宮と相知ったかということは、よくは解らないが、多分藤堂高虎などが仲介したものであろう。藤堂は外交的手腕に長じた人で、その点を家康が高く買っていたといわれている。前に詳しく述べた通り、元和四五年頃のおよつ御寮人事件の時には、藤堂高虎が近衛信尋と共に円く納めるように骨を折った。そうしてそれが円く納まるときまった時の信尋の高虎宛の書翰によると、信尋は八条宮の招宴で大酒したことを報じ、その招宴の手伝いに来た小堀遠州への感謝を言伝てしている。その手紙の書き方で見ると、高虎と八条宮とが相知の間柄であることは明かである。ところでその藤堂は、左馬助より七歳上ではあるが、同じような経路を経て来た大名であって、左馬助とは仲が好かった筈である。朝鮮で共に戦ったこともあるし、伊予で隣り合って領地を持っていたこともある。その藤堂の手引きによって、左馬助が八条宮と知り合い、その素朴な英雄心を傾けて宮を敬愛したというようなことは、いかにもありそうなことである。曽ては秀吉の心を魅了した八条宮、細川幽斎をして古今伝授に執心せしめた八条宮、その宮が心にかけていられるとなれば、遠い奥州の白川から石を運ばせるということも、老後の左馬助にとっては、非常に幸福に感ぜられたのであったかも知れない。

ところで問題は、この石の大きさよりもむしろ形なのである。藤堂高虎とか加藤左馬助とかというような、秀吉が取り立てた大名、朝鮮で存分にあばれて来た大名は、趣味としては大きいことや力強いことを好んだように思われる。南禅寺の山門の前にある藤堂高虎寄進の石灯籠などは、そういう好みを代表的に示したものといってよいであろう。左馬助が重い石を遠路運ばせるというようなことをやったのも、そういう趣味に基くと考えられるが、それでは左馬助進上の白川石も、大きいとか力強いとかという印象を与えるかというと、決してそうではないのである。石灯籠というような特別の「形」を持ったものではなく、単に石として考えると、大阪城の石垣のあの巨大な石の運搬を経験して来た世代のことであるから、この位の石は巨石の部類には入らない。がそういう比較をして見なくても、あの石自体が実際に重々しいという印象は与えないのである。と云って、軽々とした感じと云えば嘘になるが、とにかく引緊って、かっちりとしていて、余計な重さなどは持っていない感じなのである。これは多分、あの、直線だけで出来ている、簡単な形から来る感じであろう。特に長さと幅や厚みとの間の比例が、重大な意味を持っているのであろう。これは藤堂高虎の石灯籠から受ける感じとはまるで質の違うものである。一体この形はどこから出て来たのであろうか。

白川から京都へ運ぶ時に、この形はすでについていたであろう。そうでなく、京都へ持って来てからこの形をつけたとすれば、運搬する時にはこの石よりもずっと重かったことになる。こういう極めて単純な形をつけるのに、わざわざ重い石を遠路運ばせて、あとから削るという手はあるまい。ただ簡単に長さと幅と厚みとの寸法をさえ注文して置けば、石を切り出す時にすでにこの形が出来てしまうのであって、余計に重い石を運ぶ必要もなければ、運んだあとでまた石を削る必要もない。とすれば、左馬助はこの石を注文する時に、初めから寸法を与えて置いたのであろう。

では左馬助はこの寸法をどこから得たのであるか。偶然にこの割合を考えたのであるか。或は桂の庭の或箇所の実際の寸法が基礎になっているのであるか。前者の場合であれば、左馬助が白川石を見て偶然に思いついた寸法が核心になって、そこからあの松琴亭の石橋が発展して来たことになる。後者の場合であれば、松琴亭へ石浜道の方から渡る橋が初めて考案され、そこへ多分簡単な木の橋でもかけられたという状態が、眼前にあったことになる。左馬助はその橋の寸法を取ってそれを石屋に注文することが出来たであろう。が、事によれば、そんな木の橋などは作られず、八条宮がこのあたりの石組に腐心して、ちょうど今かかっているような石橋を構想し、そういう石を欲しがっていられるところへ、左馬助が行き合わせたのであるかも知れない。その場合には、左馬助が石の寄進を申し出たのに対して、八条宮が寸法を注文せられたのでもあったであろう。

これらのことは何とも云えないことであるが、とにかく左馬助の白川石進上が寛永四

一　松琴亭附近の二つの石橋　一三八頁以下参照

二　加藤左馬助進上の石橋

五年の頃のことであるとすれば、この石橋やそれに聯関した石組がその時の造営であることは否定出来ないであろう。この石橋の下へ流れ出る水は、滝口から池へ落ちている水と同じく桂川から取り入れられているのであるが、その本流と分れて外山との間を流れる箇所は「新川」と呼ばれている。新川という以上は後から掘られたものに相違ないが、その掘られた時期はこの石橋の出来た寛永四五年頃であったかも知れない。

そう考えてくると、この石橋の周囲の石組は、八条宮が桂離宮の庭において試みられた最後の庭作りであり、同時に八条宮の生涯における最後の庭作りであったということになる。その時伏見奉行小堀遠州がこの庭作りを手伝ったということは、あり得ぬことでない。奥州白川石を京都へ運び込んでくる仕事なども、どうせ伏見奉行の厄介にならなくてはならないことであったであろう。しかし小堀遠州が果してこの石組を指揮したか。石橋のそばの流れ手水は果して伝説通り遠州の構想であったか、ということになると、わたくしは疑念を抱かざるを得ぬ。八条宮が庭作りを指揮していられる場合ならば、あの石橋を加藤左馬助が進上するということは、いかにも自然に起り得たであろう。しかし四五年前に伏見奉行になったばかりの、一万二千石という小身の小堀遠州が、会津四十万石の加藤左馬助を、自分の意志で自由に動かすことは、ちょっと難かしかったであろうと思われる。そう考えてくると、加藤左馬助進上という伝説は、案外にいろいろなことを示唆しているといえるのである。

以上が加藤左馬助進上奥州白川石という伝説に基いてわたくしの考えて見たところである。ところで太田教授は、この伝説に信憑性の少ない点を重視し、最初から「奥州白川石」と伝えられていたかどうかを疑われる。「普通白川石といへば、京都産の花崗岩で、最初白川石とだけあつたものを、書写に当つて『奥州』を附け加へたかも知れぬといふ恐れもあるからである。」これはいかにも炯眼であって、わたくしはこれを読んだ時、何故白川石の伝説を聞いた時に京都の白川石のことを頭に浮べなかったのかと、自らの放心にあきれたほどである。太田教授によると奥州白川石は安山岩だそうであるが、ここに用いられている白川石が京都産の白っぽい白川石であって、安山岩でないことは明かである。太田教授の右の批判によってわたくしは奥州白川石という伝説の上に立てた一切の推測が全部崩壊するのを感じたのである。

しかしそれだけでは、加藤左馬助が京都産の白川石を献上したということの可能性は崩れない。太田教授は八条宮と加藤嘉明との関係について一層確かな証拠を教えられた。「嘉明の娘は日野参議の妻で、かつ昕叔顕晫とも親交があった（鹿苑日録）。昕叔顕晫は毎月十八日の上東門院忌日に八条宮に行っている」というのである。

しかしそれだけでは加藤左馬助献上の白川石によってあの石橋の年代を推測することは出来ない。従ってあの石橋が寛永四五年頃に出来たという証拠はなくなるのであるが、しかしどうもわたくしには、あの白川石の橋が八条宮の庭作りの最後の段階を示すものであろうという考を、捨てることが出来ないのである。

加藤左馬助進上の白川石が松琴亭横の石橋として架せられる前に、すでにこのあたりの石組は出来ていたのであろうか。或は石橋と同時に、石橋と見合いつつ、新しく組まれたのであろうか。

これは何とも云えない問題であるが、しかし少くともこの石橋を両端で支えている石組は、この石橋がここに架せられた時に組まれたものであろう。それはいずれの側においても、この直線的な橋の形と調和するように、直線的な、角張った輪郭の線、或は真直な平面が、どこかに目立つように現われた石を使っている。勿論こういう石の形は、人工的に作ったものではない。どこかの山の肌で大きい岩が風化して（多分水と寒さとの力で）壊れて行く時に、偶然についた形であろう。従ってそれは「割れ目」によって出来た、極めて不規則な形なのである。だからどれほど直線的に見える輪郭が現われていても、意識的に作り出した平行線で構成されている石の橋とは、質の上で全然違ったものである。がそれにもかかわらず、ここに並べられているところを見ると、ちゃんと調子が合っている。合っているばかりでない、むしろこれでなくてはならないような印象をさえ与える。もしこの橋詰に人工的な切石が組んであったならば、それこそ事壊しになってしまうであろう。そうして見ると、ここに質の違った両種の石、人工的な切石である石の橋と自然的な割れ石である角張った石とが並べられているのは、反ってこの胸を打つような美しい調和を作り出す所以となっているのである。

ところで、この石橋とその両端の数箇の石とは、他から離して独立に眺めるように置かれているのではない。それらは、渚を石組で堅めている松琴亭附近の池の眺めの一部分なのであって、それらを眺める時には必然にこのあたりの石組全体が眼に入ってくるようになっているのである。だから、どちらの岸に立って石橋を眺めても、石橋の輪郭の平行線を辿る眼には、橋詰の角張った二三の石と共に、その周囲や背後に点在する数多くの石が映ってくる。そうして石橋と橋詰の石との間にあると同じ調和が、石橋とこれらの多くの石との間にも存していることに気づかざるを得ないのである。

そういう点に注目しながら、松琴亭附近の庭を眺めると、池の渚の石組や、渚に沿った通路の踏石などに、いかに多く角張った石が使ってあるかということに、今更驚かざるを得ないのである。堀口捨己氏は、桂離宮の庭のこのあたりを説明する箇所で、「この渚近くは、石組が最も古い仕方で、立石使いが多い。ここはこの庭の中で最も荒々しい表われがある所である」と云っている。いかにもその通りで、この石橋のあたりや、天の橋立と呼ばれている中島の石組には、縦に直線的な輪郭を見せて突立っている石が非常に多い。しかしそういう石の間には、横に水平的な輪郭を見せている石も、同じ数位はあるのであるから、ここで使っている石の大部分は、真直に割れた面を持っている石なのだということになる。そういう石を立てたり横にしたりして、その直線的な輪郭の部分をいろいろに利かせているのである。こういう石の使い方を見渡すと、石橋の橋詰の角張った石の置き方などは、ほんの一例に過ぎないのだということになってくる。

そうなると、石橋とその両端の石組とが同時のものでなくてはならないように、石橋とこのあたりの石組全体もまた同時のものではないか、という疑問が生じてくる。勿論、同時とは云っても、それは構想の上でのことであって、具体的に石橋をここに架けた時と石組を作った時とが同じであったという意味でなくともよい。従って白川石を石橋として架けるに際して、その石橋の人工的な形からして、橋詰の石組が生み出され、そのやり方が周囲に及んで今あるような石組全体を作り出すに至った、と見ることが出来ると共に、また逆に、これらの石組が作られつつあった間に、この箇所に人工的な切石の石橋を架けたら似合うであろうという思いつきが生れ、それに従って、細長い切石が北白川の山から切り出されることになった、と見ることも出来るのである。恐らくこの二つの場合は、連続して起ったでもあろう。即ち後者におけるように、すでに始められていた石組の苦心のなかから、細長い切石の橋の構想が生れ、その構想に従って切り出された白川石が到着して、それを石組の間に嵌め込むに際し、その石橋の形と釣り合うように、石組全体に何程かの修正が施された、というのが実状であったであろう。

ところで、ここに主として問題とされているのは、一が他を生み出したのかと推測せられ得るような、二つの形の間の関係なのである。その一つは、平行直線で出来ている人工的な、規則的な形であるが、他の一つは、単に不規則な形とのみ云っては、十分にその特徴を現わすことの出来ないような形である。前に云ったようにそれは川原で見出されるような円味を帯びた形、即ち他の石との摩擦によって生じた形ではない。従って不規則な形という中から円味を帯びた形を除き去らなくてはならない。すると、あとには角張った形のみが残るのであるが、石のうちそういう形を持っているのは、山肌で風化するに任せてあった石とか、山の土の中に埋もっていた石とか、だけである。そういう石は多分水の凍る力で割れて、大きい親岩から離れて来たものであろう。従ってその際の割れ目が、これらの石の輪郭の、線や面の基礎となっているのであろう。その後にこの石に加わった変化は、他の石との摩擦ではなくして空気との摩擦、及び水と寒気の影響によるのである。そうなるとこれらの石の輪郭は、どれほど規則的な形に近づいていても、根本的には不規則的なものである。しかも底を測り知ることが出来ないほど深く不規則的なものである。この種の石に対する興味はそこから湧き出てくるのであろう。白川石の石橋の人工的な、規則的な形とからみ合わされているのは、そのような意味での不規則的な形なのである。

この二つの形のからみ合いは、或意味ではこの庭の石組全体を支配し、更に建物と庭との微妙な調和の基礎となっているといってよいものである。規則的な形は、平行直線とか左右均斉とかというような点を強調して行けば、西洋風な形式感覚を示すと考えられるものになって行く。自然石の不規則的な形は、気韻とか気合とかと呼ばれているような東洋風の形式感覚を示すと言えぬでもない。とすればここには図らずも西洋風の形式感覚と東洋風の形式感覚とが出合って、不即不離の統一を形成したことになる。桂離宮の庭や建物の美しさの非常に新鮮な感じは、この統一の不即不離なところから来るのかも知れない。

七　古書院とその改造の問題

白川石の石橋の直線的な形を問題として取りあげていた間は、わざと触れずに通って来たことであるが、実はこの石橋から十間位しか距っていないところに、もう一つ人工的な切石の橋がかかっているのである。それは松琴亭のすぐ前の池の中に作られている二つの小さい島をつないでいる橋なのである。二つの島のうち北側の方の島はさらにもう一つの天然石の平べったい橋で蘇鉄山下の小さい岬へつながっているのであるから、これらの二つの島と二つの石橋とは一連の細長い突出部として松琴亭前の池の中へ突き出ている感じになる。多分そのためであろう、この二つの小島は「天の橋立」と呼ばれている。しかしそれが最初からの名であるかどうかは解らない。とにかく切石の橋は二つの橋の中でも松琴亭に近い方にあるのであるから、白川石の橋とこの切石の橋との距離は、多分十間位しかないであろう。従ってこの二つの石橋はしばしば同じ視界へ入ってくるのであるが、しかしこの切石の橋の方は、長さにおいて白川石の半分位しかないし、その上、重大なことには、輪郭が直線的ではなくして、ゆるい曲線をなして反《そ》って、いるために、白川石の石橋ほど、目立って感じられないのである。だからこそこの石橋に触れずに議論を進めることも出来たわけであるが、しかし直線的でないために目立って感じられないとは何を意味するであろうか。一体この切石仕立の反《そ》り橋《はし》は、この庭の中のどういう契機を示しているのであろうか。

この問題に答えるためには、われわれはどうしても建築を引合いに出さなくてはならなくなる。何故なら、この橋を古書院や松琴亭の姿と共に眺めれば、右の問はおのずから氷解してくるからである。

池の東北の端、道浜のあたりの渚に立ってこの橋を眺めると、この橋の向うにひろびろと広がっている池を越えて、池の西岸に、古書院の池に向った側が見える。その姿がこの石の反り橋と無関係でないことは、一目で解るのである。というのは、その古書院の主要な形として目に入ってくるのは、いろいろな大きさに配分された白い壁や、それを区切りつつ立っている多くの柱を、上から押えている入母屋造の屋根の形なのであるが、その屋根は大きい破風を池の方に向け、その下をゆったりとした軒で受けたものであって、そこに最も目立っている破風の輪郭の大屋根の線や、それを下で受けている軒端の線が、ほかならぬ彎曲線で出来ているのである。勿論、彎曲と云っても極めて幽かなものである。大屋根の線は、心持中ふくらみに反ったものであって、反り橋の彎曲と同じ位に見えるが、軒端の線の方は、両端に至って僅かに跳ね上る程度に過ぎない。従ってこれらの線は積極的に曲線を見せようとして形成せられたものではなく、ただ出来るだけ簡素な輪郭にしようとして作られたものと思われるが、しかしそれでも直線の感じとは異なったものになっているのである。こういう彎曲線の使い方はどうしても共通の感覚に基くとしか考えられないのである。

同じことはこの石の反り橋を松琴亭と共に眺めた時にも感じられる。そてつ山の東、滝口の下あたりで、池越しに松琴亭を眺めると、丁度途中に石の反り橋が見えるのであるが、ここでもその反りが、松琴亭の屋根の反りと同類に見える。この屋根は茅葺であるから、軒の反りにしても棟の反りにしても、茅葺に普通のやり方を使ったに過ぎないと思われるが、その普通のやり方と同類として感ぜられるということは、茅葺の屋根の反りを作り出したような感覚が、石橋の場合にも働いていたことを示すものである。それに比べると、松琴亭の左手に見える白川石の石橋は、実際異質的に感ぜられる。またその意味で著しく目立つのでもある。

そうなると、古書院や松琴亭が建てられる時に働いていた感覚は、天の橋立の石の反り橋に示されているものと同一であって、白川石の直線的な石橋に示されているものとは異なるということになるのであるが、それにはなおもう一つ、有力な証拠をつけ加えることが出来るであろう。それは最初あったらしい朱塗欄干附の大橋である。この橋はそてつ山の東の渚から松琴亭の前へかかっていたと推測されている。その間の距離は十間に近い。その間に木の橋をかけるのであるから、当然その橋は上へ反っていたであろう。池の眺めの中で最も目立つ橋が反って居り、そうしてその両側にある建物の屋根に反りがあるとすれば、それは当然池の小島をつなぐ石橋にも反映せざるを得なかったであろう。

以上の見当が当っているとすると、前に加藤左馬助進上の直線的な石橋を寛永四五年頃のものと推定しようとした気持は解って貰えることと思う。もしそうであれば、桂離宮の第一次造営を前後の二つの時期に区別することが出来るようになるのである。通例の見方では、古書院や松琴亭や朱塗の大橋などは、寛永元年或は二年の頃までに出来上っていたであろうということになっている。天の橋立の石の反り橋は、これらと共に作られたのであろう。が八条宮はそれで造営の仕事を打ち切らず、三四年も後にあの白川石の直線的な石橋を架けられたことになる。そうすれば、この仕事と相前後して、庭や建物の上に相当に大きい改造や増補が行われたということもあり得るのであろう。八条宮は寛永五年に一箇月半ほど引続いて滞在せられたことがあるという。それは或は改造の仕事と関係があるかも知れない。そうなると、桂離宮の第一次造営は、天の橋立の石の反り橋を指標とする前半と、白川石の直線的な橋を指標とする後半とに、区別され得ることになろう。そうして現在の桂離宮の姿が、この後半の造営と非常に深い聯関を持っているということも、おのずから明かになってくるであろう。

天の橋立の石の反り橋の側に、加藤清正より進上と云い伝えられる赤間石が立っている。この伝承が確実なものであるかどうかはわたくしには解らないが、しかし反り橋と対立する直線的な石橋が加藤左馬助の名と結びついているのに対照して、非常に興味深い伝説だと思う。加藤清正は八条宮が桂別業の造営に着手された時よりも十年前の慶長十六年に歿した。だから清正進上という云い伝えが本当であるとしても、この石は桂の、庭と全然関係なしに赤間ヶ関から持って来られたわけである。前から庭作りに関心を持っていられた八条宮が、名石にも関心を持たれたことは当然であり、その八条宮に有力な大名が石を進上するということも別に不思議ではないが、しかし清正がどういう関係で八条宮と相知ったかは、よくは解らない。細川幽斎はその頃仁和寺のあたりに隠居していて、慶長十四年の末に八条宮を今出川本邸に訪ねた。よほど老耄の躰で、翌年には七十七歳で歿した。宮は今出川の邸の内に幽斎を祠る社を作られた。これが後に桂の別業に移され、園林堂となったわけであるが、その幽斎の子の細川忠興は九州の大名として清正と相知っていた筈であるから、そういう縁でその頃に八条宮に近づいたかも知れない。また清正の歿後、家康や将軍の命をうけて肥後の国へ後始末をしに行ったのは、例の藤堂高虎であった。これは清正が高虎と仲の好かったことを示すものかも知れない。そうであれば高虎を介して宮と相知ったということもあり得る。いずれにしても、清正進上の赤間石は、十年以上今出川の邸に据えられていた後に、元和七八年の頃に桂に運ばれ、天の橋立のなかの目ぼしい立石として用いられたのであろう。その立石の側の反り橋が、桂別業の第一次造営のうちの古い部分の指標となるということは、わたくしには非常に面白く感ぜられる。

さてこの石の反り橋を指標として、第一次造営の前半を捕えようとすると、先ず、前にあげたように、古書院が問題になってくる。この建築が最も古く、最初に建てられたということに対しては、専門家の間にも異論はないようである。これは池に向って大きな入母屋を見せた入母屋造りであって、破風の輪郭をなす大屋根の彎曲や、下でそれを受けている軒端の線のかすかな跳ね上りなどが、非常によく利いている。その屋根の下には、一間幅の広縁の奥に雨戸と障子とが立って居り、その上に高さ三尺以上ありそうな大きい小壁が、柱に区切られて、白い方形や矩形になって並んでいる。これは小壁を全然見せていない現在の中書院の軒先や、小壁を見せはするがそれが横に細長い矩形になっている新御殿の軒先などに比べて、非常に感じの異なる点である。一つは古書院の雨戸や障子が一間の広縁の奥にあり、随ってその上の小壁が軒からずっと引込んでいるのに対して、現在の中書院や新御殿の外障子が廊下の外にあり、随ってもとは見えていたといわれる中書院の内側の障子の上の細長い小壁は全然見えなくなり、新御殿の外障子の上の小壁は、軒へずっと近くなっている、という事情にもよるであろう。がとにかくそれによって、中書院や新御殿の見せている外障子の白い平面の美しさや軒下の小壁の白い直線の美しさなどは、古書院の池に面した姿の中には、全然見られないのである。尤も古書院の他の箇所には、そういう美しさが見られぬでもない。古書院を南側から、即ち中書院の側から眺めれば、軒下の白い小壁は床下の白壁と照応して、白い平面の美しさを感じさせる。また古書院の御輿寄の姿は、直線的なもの平面的なものの美しさを満喫させるものである。が、これらが古書院の最初の姿であったかどうかは、難かしい問題になる。それらを除いて、池に面した古書院の姿のうちに最初の姿を認めるとすれば、この最初の建築においては、特に平面的なものや直線的なものを際立たせてそこに美しさを作り出すという試みは、なされていないのである。即ち、古書院の最初の姿は、石の反り橋を指標とするにふさわしいのである。

しかしかく考えることは、古書院が最初独立して建てられたこと、中書院や古書院の御輿寄などは後の建て増しであること、などを認めるに等しい。然るに専門家の間では、この事は必ずしも異論なく認められているわけではないのである。とすると、この点に困難はないであろうか。

元来中書院以下が後の建て増しではないかという考は、床下構造の著しい相違から自然に導き出されたように見える。古書院は土壇の上に立っているが、中書院は土壇なく高床式に作られているのである。いずれも桂川の氾濫に備えた思いつきに相違ないが、しかしそのためにかくまでも異なった構法を考え出すということは、造営年次の相違に基くとしか考えられない。というのは、古書院の建築が始められたのは第一次造営の初期であって、池掘りがなお続いて居り、土が豊富に余っていた。だから土壇を築くことも容易であった。しかし中書院の建築の時には、池の工事は既に終って居り、土壇に使う土が手近かになかった。だから土壇を築く代りに高床式の構法が考案されたのであろう。そう考えれば、構法の相違がいかにも尤もであると共に、それが建て増しの証拠にもなるのである。

然るに、藤島亥治郎氏の『桂離宮』によると、同氏は古書院が一棟だけで立っていたということに強い疑念を抱いている。その理由は、㈠これだけの建物に対して御輿寄が大き過ぎる。㈡池の側から眺めて輪郭が単純過ぎる。中書院がつかないと形をなさない。㈢間取りの点でも中書院がつかないと非常に工合の悪いことになる。古書院ほどの意匠の出来る人が、これらの諸点に気づかない筈はない。だから古書院がただ一棟だけで立っていた時期があるとは考えられない。中書院、更には楽器の間までが、最初から結びついていたであろう。即ち、古書院は表座敷、中書院は寐間その他内向きの部分であって、両者合して一つの全体をなしたのであろう。かく藤島氏は主張しているのである。

勿論藤島氏も、中書院が古書院よりは渋いしつらえであるとか、木割が細かであるとか、床下の構造が非常に違っているとか、という点を認めないのではない。しかし氏はそういう相違が、表座敷と寐間その他内向きの部分というような用途の別から出てくることを説くのである。表座敷たる古書院が重く取扱われ、内向きの部分たる中書院が軽く取扱われるのは、当然であろう。だから古書院の正面入母屋に対して、中書院を側面入母屋として、屋根を一段低く連ねている。同様に床下も、土壇を築くというような重苦しさを避けて、殊更に高床式という軽やかな構造にしたのである。そういう仕方によって建築に変化を与え、一様の統一とか均斉とかを避けたのであって、それがこの「素晴らしい美の構造」を押し出して来た所以であると氏は力説している。この立場からいうと、独立の古書院が土壇の上に立っている姿などは、あまりに仏堂臭くて、右の美の構造と縁遠いものになる。

尤も藤島氏は一歩を譲って、古書院建築中に設計を変更して中書院をつけ足すことになった、という場合もあり得るといっている。しかしこの場合でも、古書院完成以前に中書院が起工されたのでなくてはならないと考える。つまり、古書院が最初独立の建物として設計されたという点までは譲歩するが、その古書院が独立の建物として存在したということは認めまいとするのである。

この考え方を更に一層徹底させているのは、森蘊氏が『桂離宮の研究』（二一〇―八頁、一七五―九頁）で詳述している考である。それによると、桂離宮の中に最初に建てられた建築は今の中書院であり、今古書院と呼ばれている部分は、古い建物を持って来て、この新築の書院に附け足したものだという。森氏がこの考に到着したのは、古書院と中書院との継ぎ目にある柱を詳細に調査したからであった。それによって先ず第一に解ったのは、中書院の周辺にもとは勾欄が廻らしてあったということである。それによって、現在外障子や雨戸の戸袋の立っているところに、もとは雨戸や外障子がなく、三尺の榑板縁の内側に遣戸や明障子が立っていたことが解る。次に右の継ぎ目のところにある角柱や面《めん》皮柱などに注目して屋根裏を調べて見ると、古書院の小屋組にはここで模様を変えたらしい痕跡がかなりある。かと思うと、古書院一の間の床柱の杉の面皮材などには、あとから取りつけたという痕跡がまるでない。つまり中書院三の間の面皮材と同じような材木が、古書院一の間には初めから用いられていることになる。それらの点から考えると、中書院の工事と古書院の工事とは同じ時に行われていたのであり、それにもかかわらず古書院の建築様式が古いのは、他から持って来た古い建物だからなのである。小屋組の模様変えの痕跡は、そういう古い建物を中書院にうまく附け足すための工作を示すものであろう。

　森氏はなお桂離宮初期の中心建築は中書院であって、古書院はむしろ附属的地位にあったということを、間取りの点からも証明しようとしている。藤島氏の解釈では古書院が表座敷、中書院が竦間その他内向きの部分ということであったが、森氏の解釈はそれとは逆で、中書院が公的な性格を明白に示しているのに対し、古書院はむしろ従属的な意味しか示していないというのである。その公的な性格を示すものとして森氏があげているのは、中書院一の間の床を二の間の方から眺めた場合のシムメトリーの構成である。そのため正面に二間の大床を作って違棚を右側に廻し、いかにも親王の御座の間らしい尊厳を見せているという。またここの縁側との堺の遣戸には縦桟を入れ、框は春慶塗にし、縁の端には勾欄がめぐらしてあった。いかにも丁寧なやり方である。それに比べると古書院の池に面した側は、入母屋作りの屋根の形から言っても極めてシムメトリーになり易いところだと思われるが、それを下から受ける柱の並び方や、小壁のつけ方や、庭への出入口、月見台などの設け場所などが、すべてシムメトリーを破るように出来ている。そうして広縁の奥にある遣戸などは非常に粗末な板戸である。親王の御座の間のように重大に取扱われていないことは明かだといわなくてはならない。

以上が森氏の見解の大要である。藤島氏の主張と共に非常に傾聴すべきものと思われるが、しかしわたくしはまだ十分に説得されたという気がしない。藤島氏の論点についていうと、㈠大き過ぎるといわれる御輿寄は、中書院と共に建て増されたとも考えられる。㈡池の方から眺めた単純な輪郭は、その単純さの故にあとにいろいろな展開を含む原始的な姿であるのかも知れない。㈢間取りの点は、最初簡素な別荘を考えていたとすれば、古書院だけで十分間に合うであろうし、囲炉裏の間の南西側には、何か別のやり方がしてあったかも知れない。また用途の別に随って建築にいろいろな変化が与えられるということも、一時的にではなく、時を追って漸次に起り得ることである。すでに藤島氏も一歩を譲って、古書院建築工事中に設計が変更された、という場合を想像された。これは、最初古書院だけを独立の建物として設計せられた八条宮が、それを建築中に、中書院をつけ足すことを考え出された、と認めることである。つまり半年か一年かの時の流れをこの間に認めようとするのである。がそういう風に時を追っていろいろ新しい構想を生み出してくることは、八条宮にとっては比較的容易なことであったかも知れぬが、しかし同様な容易さを以てそれを実行に移すことは、果して知行三千石の八条宮に可能であったであろうか。庭の普請も何年かかかって徐々に進行させている八条宮が、普請の途中で設計を変更して最初の倍以上の大きさにするというようなことを、自由になし得られたかどうかは疑問である。非常によい思いつきでも、経済上の理由で、何年か先に延ばされるというのが、恐らく実状であったであろう。そうなれば中書院は、構想としては古書院完成以前に、即ち古書院と一つのものとして、出来たのであったとしても、事実上では、何年か後に、建て増しとして実現されたということになる。そうしてその何年かの間に、その構想は、同じ人の同じ時の思いつきとはどうしても考えられないほどの、異なった性格のものに変って行ったのであろう。

森蘊氏の考についても同様のことが言える。中書院の縁側にもと勾欄がついていたとか、縁の内側に遣戸や明障子があり、その遣戸や框の細工が非常に念の入ったものであるとかということは、森氏の考察の通りだと思われるが、しかしそれは最初の建築の古書院が比較的質素なものであるに対して、後の建て増しの中書院がずっと贅沢なものになっていることを示すだけだともいえる。また最初の建築の時には「親王の御座の間」などということにはまるで注意を払わなかったのが、建て増しの時にはそういう意識を以て幾分物々しくしたということもあり得るであろう。その際シムメトリーの構成を使っているのと、使っていないのとが、そういう「御座の間」とそうでないものとの区別を示すということは、ちょっと受取り難い。その別は様式感覚の別を示すのであって、必ずしも室の用途の別を示すわけではあるまい。そう考えて行けば、森氏が、中書院こそ中心的建物であって、古書院は附属的な部分に過ぎないということを証明しようとしている議論は、皆、古書院が最初質素に建てられ、中書院が後に異なった様式感覚を以て贅沢に建てられたということを証明するのに役立ちそうである。

しかしただ一点、古書院と中書院との継ぎ目の部分の屋根裏の調査のことについては、わたくしには何ともいう資格がない。古書院の小屋組には、古い建物を持って来て新築の中書院に附け足したという痕跡が歴然として残っているといわれると、それを反駁するわけには行かない。しかしそれほど明白な証拠なら、建築の専門家は皆文句なしに認めそうなものだと思われる。然るに必ずしもそうでないところを見ると、この証拠はそれほど絶対的なものではないと見える。

　堀口捨己氏の『桂離宮』は森氏の『桂離宮』の翌年に刊行されたものであるが、それによると、古書院と中書院との間には、同じ時に同じ人の指図で作られたとはどうしても考えられないような、手法の相違があるという。古書院は角柱で、一分面とりの杉材を使っているが、中書院は杉面《めん》皮柱である。古書院は軒先に小壁を大きく見せる造りであるが、中書院は軒の所に小壁を見せない造りである。こういう「物の比例」に現われている好みは、相互に殆んど相容れないものである。だから同じ時の同じ人の作とは思えないのである。それに反して、中書院を建て増しと考えると、丁度それの証拠となるような箇所がところどころにある。古書院御輿寄の丸太の軒桁や、それを支える柱は、中書院を建て増した時に、それに合せて取りつけた、と思える仕様を持っている。また古書院と中書院との継ぎ目にも、そういう点がある。というのは、この継ぎ目は、古書院の長炉の間や詰所と、中書院の三の間との間にあるのであるから、部屋としては床の間のついている中書院三の間の方が格が高く、随って中書院側の方が重いわけであるが、それにも拘わらず、柱は古書院を主とした建て方であって、角柱が三の間の方へ表われているのである。これは中書院を建て増しとしなくては理解することが出来ない。尤も使われた材料に新古の別は認められないから、建て増しとしても年月の距りはあまりないであろう。

これが堀口氏の意見である。建築の専門家の立場からこう言われると、わたくしはこの方に従いたくなる。それに従えば古書院が独立して存在していた時期はあったことになる。そうして中書院は、古書院よりも後に、古書院とは非常に異なった手法を以て、建て増されたのだということになる。

これを前に論じた石橋に結びつけて、わたくしは、古書院は天の橋立の反《そ》りのある石橋を指標とする時期の建物であり、中書院は白川石の直線的な石橋を指標とする時期の建物であろうと考えた。前者は第一次造営の前半を示し、後者はその後半を示していることになる。そうしてこの両者の間には、堀口氏の言葉をかりていえば、同じ人の同じ時の指図によって出来たとはどうしても思えないような手法の相違があるのである。

この新しい手法によって作られた部分は、中書院や古書院の御輿寄などであるが、それらがどういう様式を示しているかを考察する前に、なお考えて置くべき問題が残っている。それは前に加藤左馬助進上白川石の問題を提出した時に、それと並べてあげて置いた八条宮妃常照院殿の消息のなかの「いよ〳〵思《おぼ》し召す御儘《まま》に御普請遊《ふしんあそ》ばされ候はんやうの御事《こと》」という文句である。もしこの普請が中書院や古書院御輿寄の建て増しの工事を意味しているならば、ここに示された新しい手法と八条宮の「思し召す儘」とが結びついてくることになる。これは相当に重要視してよい問題であろう。

八　思し召す儘の普請

八条宮妃常照院殿のことは前に八条宮の身辺の事情を説いた際に詳しく述べて置いたが、森蘊氏が『桂離宮の研究』のなかで紹介された常照院殿消息によると、この妃はよほど深く八条宮の普請に関与していられたように見える。特に八条宮の生前における中沼左京宛の妃の消息には、庭や建築に言及したものが非常に多い。その中の一部はすでに三の「桂離宮の造営の開始」において考察し、それによって八条宮と中沼左京との関係を考察したのであるが、ここで必要なのは森氏が松琴亭の茶室に関聯して引用された文句だけである。

昨日は御口切《くちきり》、目出度存《めでたくぞん》じ参《まい》らせ候。殊《こと》に、御囲《かこい》、見《み》事に出来参《できまい》らせ候て、数々《かずかず》目《め》出度《でた》さ、幾久《いくひさ》しく候も、いよ〳〵思《おぼ》し召《め》す御儘《まま》に御普請遊《ふしんあそ》ばされ候はんやうの御事《こと》と、祝入参《まい》らせ候。めづらしく奇麗《きれい》に美《うつく》しく出来参《できまい》らせ候。一入目出度《めでたく》思召参《まい》らせ候。

この手紙は、一見したところ別に難解のようにも見えないが、しかしいかにも女らしく心使いが細かに動いているために、よほど注意して読まなくてはならないように思われる。書き初めの一行は、この手紙を書いた日の前日に催された口切の茶会に対する祝意を言い現わしたものであって、問題はないが、次で「殊に」以下に書かれていることが問題になる。「殊に」というのは「殊に目出度いことは」の意味であろうが、それは「いよ〳〵思し召す御儘に御普請遊ばされ候はんやうの御事」を指しているであろう。しかしそれを言おうとして「殊に」と言い起した時に、そういう未来の普請のことよりも、口切の茶会を催すようになった茶室の普請の竣工について未だ祝意をのべていないことに気づき、そこへ急に「御囲、見事に出来参らせ候て、」非常に目出度いという言葉を挿んだわけであるが、しかしそれよりも将来の普請の決定の方が一層重要事であることを言い現わすために、茶室の竣工は「数々目出度さ、幾久しく候も」と受けたのであろう。茶室が見事に出来たのは目出度いが、しかし宮がいよいよ思い通りの普請をしようと決定されたことの方が、一層祝うべきことである、という気持が、そこにははっきりと出ているように思われる。「めづらしく奇麗に美しく」というのは、すでに竣工している茶室の出来栄えを賞讃した言葉であって、前の「見事に」という言葉の発展的な繰り返しである。

以上のように解すれば、茶室が既に出来上っているという過去の事情と、宮が「いよ〳〵思し召す御儘に御普請遊ばされ候はん」と言われている未来の事情との間の、矛盾はなくなる。そうしてこれらの二つの事情について八条宮妃が中沼左京に対して祝意を言い送られたのは、一方で左京が茶室の普請に関係していたことを示すと共に、他方でこれから始めようという普請もまた左京のたずさわる普請であること、それの決定は左京にとって祝すべきことであったことなどを示している。がそれのみでない。中沼左京の普請に対して八条宮妃もまた非常に関心を抱いていられたことは、この消息によって明白であるが、それは取りもなおさず八条宮妃が八条宮の普請の仕事に対して非常に関心を抱いていられたことの反映であり、そうしてそれは八条宮自身がこの普請の仕事に実際に熱意を持っていられたことの証拠である。宮が「いよ〳〵思し召す御儘に御普請遊ばされ候はんやうの御事」を書いているこの消息の文章を見ると、妃はそのことを左京に向って祝っているのではあるが、同時に妃自身がいかにも嬉しそうに見える。どうかして夫《せ》の君に思い通りの普請をさせたいということを思い続けて来た妻が、やっとのことでその思いを達したのだという気分が見えぬでもない。もしそうであるならば、その夫の君もまた思い通りの普請をして見たいということを思い続けていられたわけであろう。これは八条宮の心に建築や庭園についての構想が渦巻いて居り、それが絶えず実現を要求して止まなかったということを意味しているのである。ここに桂別業の建築や庭園の作者を八条宮と考えてよい有力な証拠が提示されているといってよい。

八条宮妃のこの手紙にはっきりとした日附があれば、茶室の竣工時期は文句なく確定する筈であるが、そのことは別としても、茶室の竣工の後に八条宮の「思い通りの普請」が始められたということを知るのは、非常に有益である。事によればそれが中書院の建て増し、古書院御輿寄の改造であったかも知れない。それらの普請を思いの儘にさせない事由は、多分財政上のものであったであろうから、それを丹後の国主の娘である宮妃の尽力で取り除くことが出来たというようなことも、なかったとはいえない。父親京極高知は元和六年に歿したが、あとを継いだ弟の高広は、寛永三年に、池田輝政の娘で家康の外孫に当る人と結婚した。そういう際に、高広の姉が八条宮妃であることは、多分大きい意味を持っていたであろう。その「大きい意味」が、その「寛永三年」とあまり距っていない時期に、八条宮家の財政の上に或反応を現わしたとしても、少しも不思議はないのである。

そうなると、加藤左馬助進上と伝えられる白川石がこの庭に入った時期をもそれに結びつけて、寛永三年以後の普請の続行ということを考えて見たくなってくる。もしそれが八条宮の「思いの儘の普請」であったとすれば、桂離宮の芸術的形成にとっては、ここに最も重要な時期があることになろう。そうしてまた、そういう時期の開始が、松琴亭の茶室の竣工に際して予示されたとすると、松琴亭の茶室の普請ということも、桂離宮の芸術的形成の過程において、非常に重要な意味を帯びることになるであろう。
そこでわたくしはこの茶室の附加される前の松琴亭の姿はどんなであったろうかと想像し、それが茶室の普請によってどういう風に変化したかを考えて見たのであるが、その際現状と当初の姿との区別を顧慮することを怠り、現状から受けた印象に基いてかなり恣まな空想を逞しくしたことは、太田博太郎氏の指摘せられた通りである。松琴亭がどういう改造をうけたかというようなことは、専門家の綿密な研究を待って初めて明かにされることであるが、それをただ現状の印象だけで云為しようとしたことは、甚だ軽率であったと言わなくてはならない。

しかし日光廟と同じ時代に、それと極端に反対な特色を持ったこの離宮がどうして生み出されたであろうかと不思議に感じつつ、この建築を眺めていたわたくしの心の内に、それと聯関したいろいろな臆測を湧き上らしめたのは、ほかならぬ現在の建物の印象であった。それは歴史的認識の基礎となるものではないが、しかしそういう認識への幾分の刺戟とはなり得るかも知れない。そういう意味でそれらの印象をここに書き列ねて置くことは、全然無意味でもないであろう。

前に言ったように、桂別業の庭園の工事が開始され、古い水溜りの両側が広く池として掘りひろげられた時に、まず建てられた建物は、池の西側では古書院、東側では松琴亭であったと思われる。その松琴亭が、今の建物とどういう関係に立つかは明かでないが、少くとも松琴亭の正面の姿は、昔の姿を伝えていると思われる。そういう推測に人を誘うのは、第一次造営の前半の指標たる天の橋立の石の反り橋である。前章の初めに詳しく論じたように、この石橋の反りは、池の向うに大きく入母屋の口を開いている古書院の屋根の彎曲線と、ぴったりいきを合わせているのであるが、その同じ石橋の反りが、松琴亭の大屋根に見られる幽かな彎曲線とも同じように実によく調子を合わせているのである。

松琴亭が天の橋立の石の反り橋と一緒に視界に入ってくるのは、対岸の蘇鉄山の東の麓、滝口から池へ水が流れ込んでくるあたりから、松琴亭を遠望した時である。その時には松琴亭の北西側がまともに見えるわけであるが、たとい北西側であっても、それが松琴亭の正面であることは疑いがなかろう。昔松琴亭へ渡って行った朱塗欄干の橋は、蘇鉄山の南の麓からかかっていたわけであるが、そのあたりから眺めても、丁度同じ正面が見えたわけである。松琴亭の屋根は田舎家風の茅葺の大きい屋根なのであるが、その屋根が丁度この方へ正面を見せている。棟には瓦を並べているが、その棟の線は、左右へ真直にのびているようで、両端で幽かに上へあがっている。多分全体として僅かに彎曲しているのであろう。そこから流れ下りている茅葺の屋根は、軒端で左右へ真直に切り揃えてあるが、その軒の線も棟の線と平行して、左右で幽かに上へ上っている。これも多分全体として僅かに彎曲しているのであろう。それらの反りは極く僅かなので、左右の端の方だけで反っているのか、或は、全体として反っているのか、ちょっと見ただけでは解らない。それほど僅かな彎曲であるにかかわらず、それが直線ではなくして彎曲線であるということは、非常にはっきりと印象される。だからそれを石の反り橋と一緒に眺めていると、それらが同類のものであるということは、否応なしに感じざるを得ないのである。石の反り橋の左手には、少し遠くに白川石の直線的な橋も見えているが、松琴亭の大屋根と一緒に眼に入ってくる時には、反り橋の方がこの場にふさわしく、直線的な橋は反って副次的なものに感じられる。

このように石の反り橋は、古書院とぴったりいきの合ったものであると共に、また松琴亭の母屋とも同類のものとして感じられる。とすれば、その古書院と松琴亭の母屋との間に、同じくいきの合った感じ、同類のものとしての感じが見出されるのは、当然のことであろう。池越しに古書院を眺めると、まず際立って見えるのはその屋根の形である。池の方へ大きく口を開いている入母屋の屋根の輪郭の線は、幽かに中ふくらみになっている。それはいかにも僅かな彎曲であるが、しかし彎曲線として非常に強い印象を与える。それは池越しに松琴亭の大屋根を眺めた場合に受ける印象と同じである。その棟の線にしても、軒の線にしても、彎曲は極めて僅かなのであるが、しかし彎曲線としての印象は非常にはっきりしている。これはどうしても同じ時に同じ構想によって作られたものと考えざるを得ないであろう。

ところで池越しに古書院の入母屋の屋根を眺めている時には、松琴亭は背後にある。問題の大屋根は眼に入って来ない。その松琴亭の大屋根の正面の姿を池越しに眺めている時には、同じく古書院は右手横にあって、その入母屋の口を開いているところは全然見えない。随って同じような彎曲線を持った屋根を見比べるということは、今は出来ないのである。

それを考えると、前にちょっと言及した朱塗欄干の橋の意義が、強くわたくしの心に蘇って来た。この橋はなるほど必要であったのであろう。この橋によって最初の桂別業の庭園と建築とが、一つの統一にもたらされたのであったであろう。

この橋は蘇鉄山の南の麓から松琴亭の左前方の岸へかかっていたのであった。この位置は、もと古い水溜りであったらしい底の泥の深い部分をちょっと東北の方へはずれている。随ってその橋脚は、新しく掘った浅い底に立っていた筈である。これはその工事がさほど困難でなかったことを思わせるものであるが、しかしそういうことは池の水面だけを眺める場合には問題にならない。広々とひろがっている池の殆んど真中のところに、長さ十間を超える長い木橋が横わっていたわけである。その橋は、日本の木橋の常法として、上へ反っていたであろう。とすると、それは、天の橋立の石の反り橋に比べて、六七倍以上もあろうと思われる大きい反り橋であったことになる。そういう巨大な彎曲線が古書院と松琴亭との中間にどっしりと据えてあったとすると、古書院や松琴亭の屋根に少しでも彎曲線が現われていなかったならば、ひどく不調和に感じられたかも知れない。今そういう彎曲線の効果を僅かに示しているのは、天の橋立の石の反り橋なのであるが、その効果を何倍かに強めたものが、朱塗欄干の橋によって示されていたわけである。

その橋が、単に彎曲線を示しているのみならず、また松琴亭の大屋根の正面の形と、古書院の池に面した屋根の形とを、見比べ得る場所ともなっているのである。前に松琴亭の正面の姿を問題とした時に、それを眺め得る場所の一つとして、蘇鉄山の南の麓、朱塗欄干の橋の北の橋詰をあげたが、実際、この橋にかかろうとする時には、松琴亭の茅葺の大屋根の正面の姿が非常によく見える。それはいかにも田舎家らしい屋根の形であり、またその屋根の下の、広々と吹き放しにした土庇とか、その吹き放しのところに、即ち家の外に設けた竈の構えとかも、いかにも田舎家らしい意匠で、どうやら「瓜畑のかろき茶屋」の延長であるらしく思われる。そういう松琴亭の正面の姿は、橋を渡って行く途中にもずっと見え続けるのであるが、その橋の途中まで行って右手をふり返ると、古書院の池に面した側が見え始めるのである。その入母屋の屋根の輪郭線は中ふくらみであって、松琴亭の棟や軒の中凹みとは逆であるが、しかし彎曲線であることに変りはない。そのいずれもが、極めて僅かの彎曲でありながら、しかも彎曲線として非常に強い印象を与えるということを、見比べて判断し得る位置は、まさにこの彎曲した橋の上だったのである。

こう考えてくると、新しく掘った池の両側に古書院と松琴亭の母屋とだけが向い合って立っていた頃には、この朱塗欄干の橋が非常に重要な役目を果していたことになる。古書院に中書院や新御殿が建て増され、松琴亭もまた著しく増補されている今の桂離宮の姿から考えると、朱塗欄干の大橋などというものはどうもしっくり合わないように感ぜられるが、それは建て増しの際に新しく入って来た意匠が漸次支配的に働くようになって来ているからであって、そういう意匠の入ってくる以前は、反りのある朱塗欄干の橋が庭の中枢に置かれてよいような、或は置かれなくてはならないような、そういう統一がこの庭と建物とに与えてあったのであろう。

さてそれが寛永一二年頃の桂別業の姿であったとすると、中沼左京のやった松琴亭の、茶室の建て増しは、八条宮の思し召す儘の普請への出発点として、非常に意義深いものになってくるであろう。

この茶室は、松琴亭の正面に向って左側、即ち東北側から入るようになっている。ちょうどその茶室の前に白川石の橋がかかっているのである。随ってわれわれは、この橋の向うから、松琴亭の東北面の姿を見渡すことが出来るのであるが、ここでは正面の姿と異なって、屋根の反りを感ぜしめるよりも、むしろ直線の組み合せによって出来た形を際立って感ぜしめるのである。

ここに見えている松琴亭の東北面は、正面から見た茅葺大屋根の、左の端の入母屋の妻が、ちょうどまともに、大きく口をあけている姿である。ここでは大屋根の棟の線は全然見えず、棟はただ一点となっている。そうしてこれを頂点として、入母屋の妻が三角形を形成している。古書院の場合には、この三角形の上の二等辺がいずれも中ふくらみの彎曲線となっていて、それが軒の線の左右の端ではね上った彎曲線と共に、極めて強く彎曲線の支配を感じさせるのであるが、松琴亭の入母屋の場合には、その三角形の二等辺に全然ふくらみが持たせてないのである。それは一つには古書院の場合には屋根が柿葺《こけらぶき》で、三角形の輪郭となる屋根の端が非常に細いのに対して、松琴亭の場合には屋根が茅葺で、三角形の輪郭となる屋根の端が非常に太く、随って長さの割合からいえば非常に短く、ふくらみを持たせる余裕など全然ないことにもよるであろうが、しかしおもな理由は、古書院の屋根全体が中ふくらみであるに対して、松琴亭の大屋根がふくらみのない平面であることによるであろう。随って古書院の入母屋の輪郭の中ふくらみは、広い屋根の平面の中ふくらみを示しているのであって、それが僅かな彎曲でありながら強い印象を与える所以も、恐らくそこにあるであろう。松琴亭は屋根の面にふくらみはなく、ただ棟の線と軒の線とだけで彎曲を現わしているのであるから、棟の線が単に点として現われている東北面においては、上半部には彎曲線を示すものはなくなり、その代りに、大屋根の斜面がふくらみを持っていないことを反映している精確な二等辺三角形が、いわばこの東北面の支配的な形として、上部にかかっていることになる。この点は松琴亭の大屋根の入母屋の妻として、当然そうなる筈であって、あとから変えた形とは思われない。

ではこの三角形を下で受けている軒の線はどうであろうか。わたくしの眼には、正面の軒の線とは違って、端の反っていない真直な線のように見えた。随ってこの東北面の全体の形は、上の二等辺三角形を下方へ押し広げて、軒の線を底辺とした大きい三角形になっているように思えた。従ってこの側には、上にも下にも彎曲線はなく、すべての部分が直線で構成されているように思えた。そこからわたくしはまっしぐらに松琴亭の改造や、正面の大屋根に現われている構想とは異なった構想の出現などを想像したのであるが、しかし太田教授の指摘によると、この軒の線は決して直線ではなく、正面の軒の線と同じ程度の曲線なのだそうである。そうなるとわたくしの想像は恣に過ぎたわけであるが、しかし松琴亭のこの側の屋根の破風の三角形などの与える強い印象が、軒の彎曲を感ぜしめないほどに有力に働いていることは事実なのである。従って改造の有無にかかわらず、現在の松琴亭のこの側面が、正面と異なった印象を与えるという事だけは、決して誤りではない。

松琴亭のこの側に建て増された茶室もまた同じ印象を与える。この側の屋根の大きい三角形の、向って左の端、即ちこの三角形の底辺となっている軒の線がもとはここで幽かにはね上っていたであろうと思われる部分、その部分の茅葺が無雑作にちょん切ってあって、そこへ薄い柿葺《こけら》の屋根が続けてある。それが茶室の屋根なのであって、その軒はいかにも鋭い、はっきりとした直線で、茅葺の軒の線を受けて更に左方へ真直に走って行くことになる。その軒の下には同じく柿葺の薄い庇がずっと長く突き出ていて、その輪郭がまた鋭い直線を見せているのである。三角形の左下の隅にこのように顕著な直線が並べてあるために、同じ三角形の右下の隅の軒の線のはね上りは、わたくしたちにはっきりと感じられなくなったのであるかも知れない。

この茶室は八ッ窓囲として有名であるが、その八つの窓は、大きさこそ大小さまざまであるが、形は、ただ一つを除いて、皆矩形である。障子の桟の矩形を縦に積んだり横に積んだりしただけの形である。だからそれは皆直線の支配している形だということも出来る。しかしただ一つ、中柱のそばの風呂先窓は、そこにはめてある障子は矩形であるが、窓自身は、左右の輪郭の彎曲した俵形になっている。これは中柱の彎曲及び給仕口の上の丸味と共に、この茶室の中で数少い曲線の一つであるが、しかし実は、この窓は、松琴亭二の間の違棚の下に開いているのである。随ってこの窓の彎曲した輪郭をまざまざと見るのは、大屋根に彎曲線を持った松琴亭の母屋の方からで、茶室ではむしろそれを矩形の障子で隠している。それを思うと、茶室の中は大体において直線が支配しているといえる。茶室の外側の、深い庇の下の、にじり口の周囲の姿などは、特にその感じが深い。にじり口は右下方に片寄って居り、その上の竹連子窓は、横に長く開けてはあるが、左端で柱との間に少し壁が残してある。柱の向うには、連子窓よりも低く、小さい下地窓があけてある。連子窓の上部にも横に長い下地窓があるが、それも柱の間の壁の中央にあるわけではなく、と云って下の連子窓の中央にあるわけでもない。これらの形がシムメトリーになることは非常に注意深く避けているようである。しかしそのためにここに使われている直線は反って生きた感じを持つようになっている。

そういう細工のこまかな茶室の外側に比べると、松琴亭の母屋の東北面は極めて簡素である。そこには二枚の明障子と、それを挟んだ二枚の遣戸が立って居り、その左手に四角の窓があるだけである。随ってそこには、松琴亭母屋の田舎家らしい感じと、そこにつけ足された茶室の凝った感じとの、著しい対照が見られる。がそれにもかかわらず、直線的なものが支配しているという点では、両者に異なるところはない。それを上から覆うている屋根の形にしても、直線的なものの支配によって一つの統一を作り出すという意図は、立派に実現している。茅葺の屋根の入母屋の妻は、太い線の二等辺三角形である。その下の茅葺の斜面は真直ぐな平面で、その下の軒の線は直線のように見える。それを底辺とする茅葺の屋根の三角形は、左下の隅で柿葺の屋根や庇につながっているが、その屋根や庇の面積は茅葺の屋根の斜面よりもずっと狭いにかかわらず、非常に顕著に平面の感じを発揮している。そうしてその軒や庇の直線は、その鋭さの故に、直線の支配を強く感じさせる。

こういうのが現在茶室や茶室の外側の与える印象である。それが中沼左京の仕事と関係のあるものか、或は八条宮妃の「めづらしく、奇麗に、美しく」というほめ言葉と関係があるのか、それは何とも決定し難い。しかしわたくしは、八条宮の「思い通りの普請」というものが、どうもこれに聯関するのではないかと考えざるを得なかったのである。

三　松琴亭東北面

四　御輿寄

九　古書院御輿寄

前章においてわたくしは、八条宮の思い通りの普請なるものが、実は直線の支配の顕著に認められるもの、随って直線的なるもの平面的なるものの美しさを生かせようとするものであったらしいという見当づけの基礎になった印象を述べたのであるが、ちょうどその茶室の前へ加藤左馬助進上の白川石の直線的な橋がかかっているのを見ると、おのずからその両者を結びつけざるを得なかったのである。

そういうわけでわたくしは白川石の橋を八条宮の思いの儘の普請の指標と考えたのであるが、その八条宮の思い通りの普請は、松琴亭の茶室建て増しをきっかけとして始まり、中書院建築、古書院改造、松琴亭改造という順序で進んで行ったろうと想像したのであった。そこには専門家の所説に基いたところもあるが、主としてわたくしの現状から受けた印象によったのであって、歴史的に確証があったわけではない。

さて以上が八条宮の思い通りの普請であったと仮定して、それ以前の古書院や松琴亭母屋などが八条宮の意図したところでなかったかというと、そうではあるまい。第一次造営開始以来の庭園が八条宮の意匠に従ったものであったように、屋根に彎曲線を明白に示している古書院も松琴亭も、八条宮の好みによって出来たものであろう。瓜畑の茶屋から系統をひいた田舎家風の松琴亭にしても、月見を主眼としつつ比叡山を見晴らしている古書院にしても、皆それぞれに八条宮の好みを示しているのである。随って当時の八条宮は、曲線の支配を好んでいたのであって、まだ直線の支配の方に向いてはいない。当時の普請が八条宮にとって「思し召す儘」でなかったとすれば、それは自分の好みに反したことをしたという意味ではなく、経済上の制約があって思い通りに行かなかったということであろう。今やその点で思い通りにやれるようになったわけであるが、ちょうどその時に中沼左京が松琴亭の茶室を普請し、それが刺戟となったかどうかは解らないが、とにかく曲線の支配を斥けて直線の支配の方へ向きなおる気持になったのであろう。もしそうであるとすれば、この時の思い通りの普請は、同時に直線の支配の顕著に現われている普請ということになるであろう。

さてその普請として先ず着手されたのは、恐らく中書院を古書院に建て増すことであったと思われる。が考察の段取りからいうと、中書院は古書院や新御殿と聯関しているのであるから、それだけを取り出して眺めるわけに行かない。然るに古書院の御輿寄、即玄関の姿は、古書院の北側の姿をそれだけ独立に見せているのであるから、非常に興味深く感ぜられる。特に古書院の大屋根の広々とした平《ひら》が、ここでは全面的に見えている。この大屋根は恐らく最初の形のままであって、中書院建て増しの時に形を変えたものではなかろうと思われる。池の方に向って大きく口を開いている入母屋の妻の、輪郭となっている屋根の端、それのふっくらとした彎曲線が、くっきりと空を区切って見える。長い軒の両端における幽かな跳ね上りも、はっきりと眼に入ってくる。これは池の方から眺めた古書院と同じ古書院である。しかしその同じ古書院も、この側《がわ》には池の側と異なった条件を見せている。それは、ここに元来存している彎曲線が、その効果を弱めるような条件なのである。その第一は池に向いた側には全然見えていない棟の直線が、この側には全部見えていることである。それは両端において極めて幽かな跳ね上りを見せないではないが、しかしそれが殆んど意識されないほどの長い直線なのである。それに加えて、軒の直線もまた池の側に見えているよりはずっと長く、そのせいか両端の跳ね上りの与える印象がずっと弱い。そうしてこの長い軒の直線と、棟の直線とが、大きく平行して横に走っている。この平行線が大屋根の主《おも》な輪郭となっているのであるから、それはこの大屋根全体のふくらみの効果を消すように働いている。というのは、この広い屋根は、入母屋の妻のところの彎曲線と同じように、ふっくらと彎曲した面になっているのであるが、その広さにも拘わらず、その彎曲が支配的に働かないで、直線的な要素もそれに釣合って十分効果を持つようになっているのである。だからここへ更に直線的な要素が附加されてくれば、おのずから直線的なものの方へ重心が移って行くことになるであろう。これが古書院のこの側面の持っている特異な条件なのである。

中書院建て増しと同じ時に取りつけられたと言われている御輿寄の上の庇は、ちょうどそういう風な、直線的な要素の附加という意味を持っている。第一この庇は、大屋根の軒の両端の跳ね上りと関係なく、途中だけを受けているのであるから、直線的に左右にのびていて、大屋根の軒の線との間にはっきりとした平行線を形成している。のみならずそれは、御輿寄の上だけでなく左の方へ少し余分にのばしてあるので、大屋根の軒の左右の長さの半分以上もあるように感ぜられ、非常に平行線の感じを際立たせることになる。またその庇の軒端には、必要上雨樋がつけてあるが、この樋で十分に雨を避け得るためには、更に大屋根の雨をも雨樋で捌かなくてはならない。そこで大屋根の軒と、庇の軒とに、二重に雨樋が走ることになる。雨樋の性質上、或程度の勾配を持たなくてはならないのであるから、雨樋の線は軒の線と平行するわけではないが、しかしとにかくここには平行に近い形で横に四本の直線が相接して並ぶことになる。こうなれば直線的なものの方が優勢にならざるを得ないであろう。

これらは現在の形に即しての印象であって、中書院建て増しの際に行われた御輿寄の改造により古書院の上にもたらされた形の変化を示すものであるかどうかは、確かには言えないことである。改造以前の御輿寄がどういう形であったかということも、わたくしには見当がつかない。第一、御輿寄はこの場所ではなかったかも知れない。しかしとにかく現在の御輿寄及びその前の壺庭は、幽かな彎曲線に充たされている古書院と調子を合わせながらも、その曲線的な点でなく直線的な点が目立つように心を配ったもののように見える。

そういう配慮は、右にあげた庇の直ぐ下の濡れ縁や、沓脱石や、そこへのぼって行く四段の石段などに、実に顕著に現われている。濡れ縁は御輿寄の間の敷居と共に鮮明な横の直線を示しているが、その下の沓脱石も、上面はふっくりと彎曲しているに拘わらず、側面によって鮮明な、太い直線を見せている。沓脱石の前の小石敷も、少し彎曲した斜面になっているが、その下の石段は、切り石を使って、四本の太い直線を横に並べた恰好になっている。しかもそれが右の方へ少し余分にのばしてあって、上の庇が左の方へ少し余分にのびているのと呼応しているのである。つまりここには、上から押えている軒や庇の四本の細い直線に対して、それよりもずっと太い直線が、六七本も下広がりに並んで、どっしりと受けているという印象を与える。庇の工作によって棟や軒の直線を際立たせようとした構想は、ここで力強く露骨に現わされてくる。こういう堂々とした御輿寄が、最初の独立した古書院にとっては大き過ぎる、といわれるのは、いかにも当然であろう。

ところでこのように、庇のところの横の直線群や石段のところの太い直線群が、上と下とに際立って見えているとすると、その間に挟まっている玄関の戸障子の縦の直線は、いかにも弱過ぎるように感じられる。そこでそれを補うかのように、この上と下との直線群の間に縦に突立っているのが、御輿寄の左の塀である。これはただ垂直に立っている平面を簡単に途中で切って高さに段をつけただけのものであるが、しかし平面の美しさをこれほど強く感じさせるものは、あまり多くはないであろう。この美しさは、横に並んだ直線に対抗している塀の屋根の線の走り方や、その切れ方にも基くではあろうが、しかしその主な要素は、横に並んだ直線と縦に立っている単純な平面との釣合いにあるのである。そういう釣合いとか比例とかが、直線的なものや平面的なものの美しさを作り出してくることは、全く不思議な程である。

この塀の意匠は、別に証拠はないのであるが、沓脱石や石段と同じ時のもののように思われる。何故なら、この塀の裏には便所があって、そこへの出入りの縁側を上から覆うために、御輿寄の上の庇が少し余分にのびて来ているのだからである。このことは、庇の形成する横の直線を出来るだけ長くするということと、それに直角に交わる塀をこの箇所に立てるということとが、用途の上でも密接に絡み合って居り、随って同じ時に同じ人の頭に浮んだ意匠であることを示しているのではないであろうか。

がこの塀は同時にまた庭との間の仕切りを意味する。それは御輿寄前を一つの世界として囲うことでもある。そうなると、中門と御輿寄との間に作られている壺庭も、御輿寄と同時のものであろうということにならざるを得ない。

この壺庭の中心は、中門から御輿寄前の石段の中心へ向けて、斜に、真直に走っている直線的な敷石道である。この敷石は、種々の大きさや形に切った石をぴっちりと組み合わせて敷いているのであるが、形だけでいうと、矩形が半ば近くあり、梯形も四分の一以上あるのであるから、もっと不規則的な形は三分の一に達しない。しかしそれらが大小さまざまの大きさに配分されているのであるから、案外に不規則的な感じを与える。そういう不規則的な直線模様を持った敷石道が、杉苔の一面に生い茂った中に、一本の太い直線として単純に横たわっているのである。

がこの単純な敷石道の周囲には、いろいろな趣向が凝らされている。まず中門を入ったところには、方形や矩形の切石が規則的に敷かれているのであるが、その敷石と、直線的な敷石道との間は、四枚の四角な切石をくの字形に並べ、そのくの字の端に一枚の長方形の切石を置いて、つないでいる。そこから少し進んでくると、右手、控の間の側《がわ》に、天然石の不規則な形をした大きい飛石が据えてあり、その傍《そば》に五分の一位の小さい天然石が配してある。そうしてこの小さい飛石の先に、三箇の方形の切石が散らしてある。この切石が杉苔の中に散らばっているところは、四角に切った金箔を散らした模様

五　御輿寄前庭口

六　御輿寄前敷石

の感じに似ている。この切石の飛石は、また天然石の飛石を介して控の間の縁先へ続くのである。

更に敷石道をずっと進んで石段の近くまで来ると、左手、庭への出口の方へ、天然石の飛石《とびいし》がのびている。ここには切石は使ってない。然るに敷石道と石段との間には、二箇の切石の飛石と一箇の大きい天然石の飛石とが散らしてある。そうして更に、石段の方から庭への出口へ導く飛石が、三箇の方形の切石と、細長い直線形の切石とで出来ている。わざと天然石の飛石に対照させたもののように見える。

敷石道の末端から、もう一つ飛石が手水鉢の方へのびている。これは天然石の中に少し切石を混えたものであるが、その行きつく先に立っている手水鉢が、ほかならぬ切石で出来ているのである。これは縁側から使うためらしく、脊の高い、切り立った長方形の手水鉢なのであるが、御輿寄の方から見える側だけは、自然のままの不規則な面が出してある。云わば人工的な切石と天然のままの不規則な石とを一身に兼ねているわけである。これはよほど故意の形なのであろう。特にこの手水鉢の、縦に突立っている直線の感じは、御輿寄の彼方にある塀の、突立っている平面の感じと呼応して、御輿寄前の全体の感じを非常によく引き締めているように思われる。

以上のように見てくると、この御輿寄の形成は、直線的なものや平面的なものを際立たせ、それらの間の微妙な釣合いによって美しさを作り出すという構想によって導かれたものだといえる。そういう印象からしてわたくしは、この御輿寄の形成を白川石の直線的な石橋を指標とする時期の仕事の一つに数えたくなったのであった。

ところでこの、御輿寄前の壺庭の美しさには、もう一つ重要な要素が加わっている。それは杉苔である。他の木を植えずに、一面に杉苔のみを生い茂らせ、その杉苔の絨氈のような地面の上に、敷石や飛石が配置されてあるのである。そこでまず第一に、苔の緑の色で石の白っぽい色が引立ってくる。第二に、苔の生え揃った表面の、ふくふくとして柔かい、微妙な起伏のある感じが、石の堅さと非常によい対照をなしている。そういう杉苔の効果によって、その上に散らしてある方形の切石や、その上を真直に走っている敷石道などの、直線的な輪郭が、非常に際立った、鮮やかな印象を与えるのである。

多分そのせいであろう、この壺庭については、「遠州好の真の飛石」という名高い伝説が出来ている。最も目立つものを遠州に結びつけるという傾向の一つの例である。しかしこの「真の飛石」という言葉は、何を指しているのであろうか。その「真」という形容詞は真行草という書体の区別をいい現わす意味から転じて用いられているのに相違ないのであるから、それが直線的な輪郭の石を使った飛石を指していることは明かである。それならば真の飛石とは杉苔の中に散らしてある方形の切石を指すのであって、そこに曖昧な点は少しもない筈である。然るに通例は、中門から御輿寄前へ斜に走っている敷石道が「真の飛石」であると解せられている。これは敷石であって飛石ではない。

七　御輿寄前壺庭

八　古書院池の側（東南面）

一三八頁以下参照

だから「真の敷石」といい換えている人もある。しかし伝説はあくまでも「真の飛石」であって「真の敷石」ではない。ではどうしてそういう混同が起ったのであろうか。敷石全体を飛石の一つと解したのであろうか。しかしこれほど長大な敷石道を他の小さい飛石と同列に考えるのは無理である。では敷石も飛石の一種と見たのであろうか。しかし密接に敷き列ねて飛ぶ箇所を無くしたがためにまさに敷石なのであって、それを飛石の一種と見ることは不可能である。そうなると、この敷石道を「真の飛石」と解するのは、遠州伝説が更に一歩ずれたものというほかない。

真の飛石と共に御輿寄の沓脱石もまた遠州の名に結びついている。両者を一緒にして、「遠州の真の飛石六ッの沓脱」といわれたものだそうである。六つの沓脱というのは、この沓脱石が並外れて大きく、六人の沓を並べることが出来るという意味だそうであるから、この石の大きさが人目についたということは明かであるが、しかしそれだけで遠州の名に結びついたわけではあるまい。この沓脱石が、上には軒や庇の直線、下には石段の直線の間にあって、その御影石の色と直線的な輪郭とを以て、非常に際立って見えるということ、しかもその直線的な輪郭が、単純に幾何学的な形であるのではなくして、非常に細かな配慮によって不規則的な形と絡み合わせてあること、などが遠州の名に結びついた所以なのであろう。というのは、この沓脱石の上面は、水の溜るのを防ぐという意味もあって、中高のふくらみがつけてある。また四隅は直角ではなく、少し菱形になっている。つまり厳密な矩形でなく、少し歪めてあるのである。これはわざとしたことに相違ないが、そういう配慮のあとを見つけると、それを遠州に帰するという傾向は、この離宮に関する遠州伝説の根柢に存しているようである。それを遠州に帰する根拠は何もない。ただ後の人が驚歎の念を抱いたということを、遠州作とか遠州好みとかという伝説の中に、われわれは読み取ることが出来るのである。

こう見てくるとわたくしには、遠州好みという伝説と同じ程度の強さを以て、八条宮の思いのままの普請が、直線の支配を非常に鮮やかに実現したのだ、ということが、言えそうに思えてくるのである。

十　中書院とその周囲

古書院御輿寄の姿は、古書院に改造を加えて、一つのまとまった新しい姿に仕上げたものであった。それと同じく、中書院も、古書院に建て増しをして、古い部分と新しい部分とを一つのまとまりに仕上げたものにほかならないのであるから、古書院と連なった一つの姿として眺められなくてはならない。然るに、古書院御輿寄の姿が一つの渾然とした姿に見えるのに反して、古書院と中書院とは、分ち難いほどに渾然としているわけではない。勿論両者は相依って一つの美しい姿を作り上げているのではあるが、しかし古書院は古書院、中書院は中書院として、截然と分れてもいる。それほどに両者の手法は著しく違っているのである。

古書院の縁側は濡縁であって、雨戸が縁側の外にでなく、内についている。雨戸と室の外側の明障子とが、同じ敷居の上で互違いになっているのである。従って戸障子は非常に奥へ引込んだ感じになる。特に、池に向いた側では、縁側が一間幅で、それに竹の月見台が続いていて、非常に広々としているのであるから、戸障子の引込んだ感じが一層際立って感じられる。それに比べると、南側（実は西南側）へ直角に折れ曲ったところは、縁側が三尺幅に狭まっているので、よほど感じが違いそうなものであるが、それでもやはり引込んだ感じは著しく眼立っている。この印象は、古書院の床下の扱い方と密接な関係を持つように見える。そのやり方は、縁の下を吹き放しにしないで、縁の外端のところを白壁で塞いでいるのである。この白壁は、縁の幅だけ明障子よりも、また明障子の上の白い小壁よりも、前へ突き出ている。従ってそれとの比較上、戸障子や白い小壁は引込んだ印象を与えざるを得ないのである。

　ところで、この古書院の南側に連続して建て増された中書院は、そこから鍵の手に折れて西南の方へ突き出てくるのであるが、古書院が床下を塞いだのと反対に、高床式で、床下を透かして見せている。しかもその床下の三尺ほど引込んだ奥には、白壁や竹の簀の子などが見えているのであるから、古書院の床の上で戸障子が引込んで見えていたのと同じように、ここでは床の下で白壁や簀の子が引込んで見えているということになる。上と下とが変っただけで、一方を前に出し他方を引込めるという点は同じである。それに気づいて眺めると、古書院の床下を白壁で塞いだ意匠と、中書院の床下を高く開け放した意匠との間には、どうやら親縁がありそうに思われる。

　中書院はこのように床下を開け、白壁を奥へ引込ませているが、その代り、上の廊下

九　中書院東南面（うしろは新御殿）

十　新御殿より中書院を望む

のところは、濡縁にしないで畳廊下にし、その外側に雨戸や外障子を立てている。その雨戸は戸袋へ仕舞い込めるのであるから、古書院と違って、昼間は雨戸を見せず、外障子だけでひろびろと軒下を充たすことが出来る。この姿が、古書院に対して中書院の最も著しく異なっている点なのである。というのは、古書院では床下の白壁が前へ出て戸障子はそれよりもずっと奥へ引込んでいるのであるが、中書院では床下の白壁が引込んでいて外障子がそれよりもずっと前へ出、殆ど外側へ一杯に出張っているという感じで、軒の直ぐ下に障子の白い美しい平面をいかにも際立つように見せているのである。

　これが中書院の最も目立つ特徴であるとすれば、ここには、古書院に見られなかった一つの傾向が、はっきりと現われていることになる。それは平面的なものや直線的なものの美しさを際立たせるということである。古書院では床下の白壁が前へ出ていて人目につくわけであるが、一間毎に入っている柱の区切りが強く利いているせいか、あまり平面的なものという印象を与えない。然るに中書院の外障子は、三尺毎に障子の縁《ふち》が縦の仕切りとして入っているに拘わらず、その縁が細いせいか、一面の白い平面という印象を少しも妨げない。むしろこの細い直線のために平面的なものが一層平面的に一層美しくなったようにさえ感じられる。多分そのせいであろう、横に走っている軒の直線や、障子の下の敷居の直線なども、この白い平面との対照で、非常に際立って感じられる。その点から考えると、古書院で障子が奥へ引込んでいるのと反対に、ここで外へ押し出している外障子が、ちょうどその、平面的なものや直線的なものの美しさを、外へ押し出していることになる。

これは実に著しい対照であって、この前に立ったものは何時でも眼を見はるのであるが、しかしこの姿がこの儘で八条宮の時に作り出されたのであるかどうかということになると、わたくしには何ともいうことが出来ない。森蘊氏の『桂離宮の研究』（一七五―一八〇頁、一八二頁挿図）によると、中書院の外廻りにはもと右にあげたような外障子は立って居らず、それを更に外から守るようになっている雨戸も立っていなかった。縁側の外の端には勾欄がめぐらされて居り、その内側は榑板縁であって、現在のように畳縁ではなかった。雨は吹き降りの時にはこの縁を濡らすのであるから、その奥に雨を防ぐための縦桟のある引戸が、明障子と同じ敷居の上に立っていたのである。森氏はそのことを柱に残っている勾欄の痕跡や、座敷と縁側との間の敷居の様子などによって証明した。それを読んで見ると、どうもその通りに信ずるほかはなさそうである。

そうなると、八条宮の思い通りの普請というものの様子が変ってくる。高い床《ゆか》の上に軒一杯に外障子が出張っていて、白い平面の美しさを非常に強く印象するやり方は、八条宮とは関係がないことになる。中書院の縁側も古書院の縁側と同じく雨戸の外にあって雨に濡れ得るものであった。随って外から見える明障子は、古書院の場合と同じく奥へ引込んでいた。そうなると、前の対照において述べたように、古書院は縁の下で外へ出、縁の上で奥へ引込んでいるのに対して、中書院は縁の下で奥へ引込み、縁の上で外へ出ているとは言えなくなる。中書院は縁の上でも下でも引込んでいるのである。それに加えて、前の対照では、古書院の奥へ引込んだ戸障子の上部に白い小壁が大きく見えているのに対して、中書院の外へ突き出した戸障子の上には小壁はなくなっていると言ったのであったが、最初の中書院では古書院と同じく奥へ引込んだ戸障子の上に小壁が見えていたことになる。つまり前に力説したような対照が成り立たなくなってしまうのである。

といって、外障子の代りに勾欄がついていたという相違だけで、中書院と古書院との間に認められた著しい対照が悉く消されてしまうというわけではない。中書院は古書院よりもずっと屋根を低くしながら、しかも床《ゆか》を少し高くしている。随って縁側と軒との間に挟まれる寸法は、古書院よりも大分縮まっている。しかも建具の寸法は同じであるから、右の縮まりが集中的に現われてくるのは、戸障子の上の小壁である。古書院の方ではかなり小壁の幅が広いのに、中書院では非常に狭く、横に細長い感じになっている。だから古書院の場合にはそういう感じはまるでないのに、中書院では、この細い小壁が直線的なるものの印象を与える。この印象は相当に強いもので、下部の勾欄の横の線と呼応しつつ、古書院にまるでない印象を作り出していたともいえるであろう。

この勾欄は、高床式の構造と本質的に結びついたものである。古書院では縁側から庭へ下りるように大きい踏石が置いてある。庭と縁側とは密接に結びついているのである。それに反して中書院の高床は、縁側から直接に庭へ下りることの出来ない構造である。庭と縁側とは結びついていない。だからそこに勾欄が廻らしてあるのである。そう考えるとこの勾欄は案外に大きい意味を担っていたと思われるが、それと同様に、この勾欄の二本の横の直線は、直線として案外に強く利いていたであろうと思われるのである。

明障子の上の小壁や縁側の勾欄によって引かれた横の直線が目立ってくると共に、戸や柱や障子などの縦の直線もまた印象を強めて来たであろう。高い床の下の竹簀子の扉が、縦の直線を並べて出来ていること、縁内側の引戸に縦桟が並んでいること、なども、その印象を助けたであろう。それらのことを考えると、この中書院の普請において八条宮が直線の支配をねらっていたということは、言えそうに思えてくるのである。

がそれにしても、勾欄に代えて外障子を縁の端に押し出したのは、右の八条宮のねらいを更に端的に実現したものといえるであろう。森蘊氏によるとこの改造は後水尾上皇の御幸を迎えるための補修の一つであろうとの事であるが（同上、一八五頁）、もしそうであるとすればこの時の補修は必ずしも時流に媚び華美に奔ったとのみも言えないと思う。しかし実際はどうであるか解らない。もっと前、新御殿造営の時、或はもっと前、八条宮の生前であったかも知れない。

十一　古書院前月見台と飛石

十二　古書院前月見台と飛石

以上のように見てくると、中書院が事毎に古書院の逆に出ているということは言えないにしても、少くとも直線の支配をねらっているということは言えそうに思われる。そうなると、このねらいが中書院を建て増す時の主要なねらいであったこと、そのやり方が建築を貫き、更に建物の周囲の工作にまで及んでいることなどを、つい推測したくなったのであった。特に、軒下廻りの石の配置、形づけなどにおいて、直線的なものの美しさを際立たせている現状から受ける印象が、そういう臆測を強く誘惑したのであった。

古書院の池に面した側には、間口の殆んど半ばを占めて、竹の露台が突き出ている。月見台と呼ばれるのがそれである。その露台からは庭へ降りられないが、それに隣って、濡縁から庭へ下りるための狭い踏段と、その前に据えられた大きい踏石とがある。その踏石は、極めて不規則な形をした天然石で、その一角に著しい凸起があり、いかにもごついという感じである。そこから池の方へ飛石《とびいし》が続くわけであるが、飛石と云っても初めの三つ四つは殆んど間隔を置かず、同じように不規則なごつい感じの、同じように大きい天然石を、少しずつ段のつくように、しかし何となく累々としているという感じに、並べている。これは、直線的なものの美しさなどとはおよそ関係のない並べ方である。この大きい飛石は、五つ並んで下の直線的な敷石道に達しているのであるが、そのごつい感じで以て敷石道の直線的な感じなどを全然押えつけてしまうのである。

元来この敷石道は、御輿寄前の庭の門のあたりから古書院の北側を斜に真直に月見台の外れまでのびて来、そこで曲って月見台と平行に真直に南の方へ、このごつい飛石よりも少し先まで行って、そこでまた斜に方向を変えて、真直に賞花亭への橋の方へのびているのである。そういう風に、出発点が御輿寄前に近く、古書院の北や東を取り巻いて走っているのであるから、当然御輿寄前の切石を使った敷石道との関係を聯想させられるのであるが、しかしここでは全然切石を使わず、不規則な野石を一面に敷きつめているだけであって、与える感じはまるで違うといってよいほどに柔かい。だから古書院のまわりをかなり長く直線的に走っているに拘わらず、さほど強く直線的なものという印象を与えない。ごつい感じの飛石がこの敷石道にのしかかってくると、殆んど抵抗なしに圧倒されてしまうのである。

この飛石は、直線的な敷石道を越えると、石と石との間に少し間隔を置いた普通の飛石になって、池の渚の舟着場まで、だらだらの斜面を降りて行くことになる。舟着場の近くでは飛石が末広がりに左右に開いて散らばっているが、その下の舟着場は、この飛石とはまるで異なって、切石を真直に揃えて池の渚に石の直線を作り出したものである。これはどこから見ても相当に目立つが、特に池の向うから古書院を望んだ時には、この切石の直線が軒の直線と平行していて、非常に際立って感じられる。しかし古書院の側に立って眺める時には、舟着場まで降りて行く不規則な飛石の並べ方が目立っていて、舟着場の切石の直線は案外に際立った印象を与えないのである。

このように古書院の池の側にある直線的なものは、ごつい感じの踏石や飛石に押えつけられているのであるが、その直線的なものとしては、右に言及した敷石道や舟着場のほかに、なお建物と密接な関係を持っている二つのものをあげなくてはならない。それらは、古書院のまわりにあると共にまた中書院のまわりにもあるのであるから、古書院のまわりで飛石のごつい感じに圧倒されていたものが、中書院のまわりでどういう風に美しさを発揮してくるかの、最も手近い証拠ともなるのである。

まず第一にあぐべきものは、軒端の丁度真下に濡縁と平行して走っている雨落溝である。これは建物の附属設備であって、前の敷石道や舟着場のように、建物にとってどうでもよいものではない。この雨落溝は、土壇の外れに一直線に並べた野石の列と、その外側に一尺余を距てて平行線のように並べてある小さい野石の列との間に、小砂利を充満させたものであって、雨垂が丁度この小砂利の溝の中へ落ちるようになっている。従ってこれは雨樋の代りでもあるが、しかしまたこの小砂利の溝は、建物の下の地盤から湿気を抜く作用をも兼ねているであろう。それを考えればこれは実用的な設備であって、単なる装飾なのではない。またこの溝が直線的なのも、建物の構造から必然に来たことであって、装飾の動機に基くのではない。ところでこの雨落溝の直線は、古書院の池の側《がわ》では、半ば近くが竹の露台の下に入り、見えなくなっている。やっとそこから出てくると、ごつい感じの踏石や飛石に中断されて、影が薄くなっている。直線的なものとしての存在が少しはっきりしてくるのは、古書院の広縁の角のあたりで、広縁に平行して直角に曲って行く時である。しかし古書院の南側では、またごつい感じの踏石や飛石に中断されて、影が薄くなっている。古書院の軒下にある限りでは、直線としての印象は弱いというほかはない。

第二は、右の雨落溝の外側の、一面に杉苔の生い茂っている中を、雨落溝と平行して一直線に走っている細い小石の列である。この直線には雨落溝の持っているような実用的な意義は少しもない。では何故こういう線が引かれたかといえば、それは装飾的な意図のもとにと答えるほかはないであろう。ところでこの直線は、雨落溝と平行して、雨落溝の直線を強調するという効果をねらっているのであるから、雨落溝自身に装飾的な働きがあるのでなくては、この意図は成り立たないことになる。即ち雨落溝は、実用的な設備であると同時にその直線的な姿を以て装飾的な効果をもあげていたのである。だからこそこの細い小石の直線が杉苔の中を走ることになったのであろう。この小石の直線は古書院のまわりだけで、中書院の方にはなくなっている。がそれは形を変えて、別の直線となって現われているともいえる。古書院に関する限りでは、小石の直線は、飛石の力強い配置にかき乱されて、あまりはっきりとした印象を与えていないのである。

以上のように、軒端の下の雨落溝も、またその直線的な姿を強調しようとしている杉苔の中の小石の直線も、古書院のまわりではさほど際立った印象を与えない。然るに、中書院のまわりへくると、事情はすっかり変ってしまうのである。

雨落溝は、古書院の南（精確にいえば南西）側を真直に走って中書院の軒下に突当っている。その中書院の東（精確にいえば東南）の軒端の下から新しく出た雨落溝は、中書院と楽器の間との軒端の下を、鍵の手に折れて、直線的にのびている。ここでは雨落溝に伴っている外側の小石の直線はなくなって、ずっと建物から離れたところに、芝生と杉苔とを仕切る瓦の直線として現われてくるのであるから、差し詰め雨落溝だけの簡単な姿になったわけであるが、それにもかかわらず、この同じ雨落溝が、直線的なものの美しさをいかにもよく際立たせているように感じられてくる。中書院の東面と、古書院の南面とを、同時に眺める時には、この感じが一層強い。古書院の南面では、縁側に踏段を要しないほどの大きい踏石があって、そこからいかにもごつい感じの飛石が、杉苔の中へ、斜め前方へ向けて、のび出ている。この踏石や飛石が雨落溝の直線的な感じなどを押えつけてしまうのである。然るに中書院の東側では、踏石もなく飛石もなく、杉苔の微妙な凹凸のある平面が柔かく広がっているのみである。この杉苔の中を、ただ雨落溝だけが、太い直線となって、建物と平行に真直に走っている。だからそれは、実に際立って、鮮やかに感じられるのである。またそれは戸障子や縁側の扱い方とも関係があるらしい。古書院の南面では、縁側に踏石が置いてあると共に、明障子が奥へ引込んでいるので、そこに平面的なものや直線的なものが現われているという感じはない。

然るに中書院の東面は、床下を高くして庭との聯絡を全然無くすると共に、外障子をずっと外へ張り出し、その白い平面を一続きの大きい細長い平面として、下に広がっている杉苔の柔かい緑の面と、相映発せしめているのである。そのために、この白い平面の直ぐ下に、杉苔の境界として真直ぐに走っている雨落溝の強い直線は、一層鮮やかな効果を発揮しているように思われる。

こうして中書院の軒下には、古書院の軒下よりも反って直線の数が減っているにかかわらず、非常に強く直線的なものが生かされているという感じを与える。その感じは、中書院の南（精確には南西）面へ廻った時に頂上に達するように思われるが、しかしその時には、直線的なものはただ雨落溝だけではなくして、非常に目立つ他の要素が加わって来ている。それは飛石の直列と、芝生の境界線に敷かれた瓦の直線との二つである。

飛石《とびいし》の直列というのは、古書院の池の側にある直線的な敷石道から派生して出ている飛石の列で、大小いろいろな石をいろいろに並べているに拘わらず、全体としては直線的に、柔かい杉苔の原のただ中を走っているものである。古書院の池の側《がわ》の、敷石道が中島の方へ斜めに方向転換をしている箇所で、丁度そこへ延びて来ている飛石の列の一つの枝の先から始まるのではあるが、しかしその延びて行く方向は敷石道の元通りの方向、即ち古書院の池の側《がわ》と平行した方向である。そのあたりには一面に杉苔が生い茂っているが、その中を真直に南西の方へ、中書院の南の角よりも更に南へ寄った地点まで延びて行って、そこで直角に西へ曲るのである。そのあたりも一面の杉苔で、実に美しく生え揃っているのであるが、その中を飛石の直列は真直に中書院の南（西）側へ延びてくる。雨落溝の外側一間ほどのところを、溝と平行にである。そこで、楽器の間の東（南）側の雨落溝へ突き当って、飛石らしく散らばりながら、ちょっと左へ折れて終りになる。その最後の箇所まで杉苔の中である。このようにこの飛石の直列は、古書院と中書院の前の杉苔の原を中に抱いて、大きく直角に曲って延びているわけであるが、しかし丁度その直角に曲る地点を目がけて、古書院の南の縁側から出るごつい飛石の列が、杉苔の原の中を斜め左の方へ延びて行っているのである。このごつい飛石の列は、前に云った飛石の直列をその方向転換点で蹂躙して、なお少しく延びて行って、園林堂や笑意軒の方へ通じる直線的な敷石道につながっている。だから飛石の直列はここで攪乱された形になり、その東半分などはすっかり圧倒されているという印象を与える。が多分その反動であろう、転回点から真直に楽器の間の軒下へ突当ってくる西半分の直列は、反って鮮やかな、目のさめるような美しさを印象するのである。それには、この飛石の直列に平行して、その外側五尺位のところを、瓦の仕切りが細い直線として走っているということも、関係があるであろう。この直線は、瓦で出来ているために、切石の直線などよりも一層鋭い感じを与えている。恐らくこの庭に用いられている直線のうちの最も鋭いものといってもよいであろう。ところで、そういう特殊な線が、ここでは、杉苔の生え揃っている地面と、芝生との間の、仕切りとして用いられているのである。従ってこの鋭い直線の内側と外側とでは、色も違えば面の感じも違う。その相違をこの直線が反って際立たさせているように感じられる。芝生の表面に独特な触覚や、緑の色の幾分荒々しいような感じが、一方ではっきりとしてくると共に、他方で、杉苔の表面に独特な柔かい感じや、緑の微妙な色調などが、一層強い印象を与えてくるのである。それに随って、仕切りの外の芝生は、いかにも芝生らしく広々とした拡がりにおいて感じられるし、仕切りの内の杉苔は、その微妙な表面の起伏や、その柔かさの感触などによって、直線的な飛石の列を実によく活かしているように思われる。つまり直線的なものや平面的なものの美しさが、ここでは何ともいえない美しい緑の色調に支えられて、実に鮮やかに生かされているのである。その点において中書院南（西）面の姿は、決して古書院御輿寄前の姿に劣るものではない。むしろこの方が一歩上にあるといってもよいであろう。

　にも拘わらず、この中書院の側《がわ》には、遠州の名に結びついた伝説が出来ていないようである。このことは遠州伝説が案外に狭い視野の中から生れ出ていることを立証するものであろう。もし遠州が、古書院の改造や中書院の建て増しの仕事に、実際に参与したのであったならば、遠州の名はこの建築の最も美しい箇所と結びついて伝承されたであろうと思う。また右にあげた外廻りの石の列の直線的構成なども、その創案者の名を忘れることの出来ない箇所であったろうと思う。しかるにそういう点はすべて問題とならず、ただ御輿寄前の真の飛石とか六つの沓脱ぎとかだけが遠州の名に結びついているということは、どうも甚だ合点の行かないことである。多分それは、遠州自身とこの庭や建物との実際上の関係が人々の記憶の上に残して行った痕跡なのではなく、後代の遠州流の型に従って後代の人がこの庭や建物を眺めた印象に基くものであろう。

前に古書院御輿寄前の壺庭を考察した際に、それが八条宮の思し召す儘の普請であろうという考は、それが遠州好みであるという伝説と同じ強さを以て主張し得られるであろうと言ったのであるが、ここではそういう遠州好み伝説がどうして発生したかを考察して置きたい。元来この伝説については、誰が最初にいい出したかは解らない。しかしこの庭や建物が出来てから一世紀ほど後には、そういう伝説が何処からともなく生じていたらしい。そうしてそれに決定的な形を与えたのは、遠州五代の孫、小堀和泉守政峯であった、とこれまでは考えられていた。政峯は実は遠州の曽孫なのであるが、遠州の子や孫はだんだん早く死ぬようになり、四代目は三十前に死んだので、弟の政峯が五代目を継いだのである。この人は遠州の子孫のうちでは最も目ぼしい働きをし、また最も長命であった。歿したのは宝暦十年で、七十一歳であるが、その男盛りの時代、享保の末から延享へかけての十数年間は、先祖の遠江守と同じく、伏見奉行をつとめている。その政峯が桂別業の拝観を願い出て特別に許されたときに、遠州の飛石などということを云い出したのであろう、と推測されたのであった。しかし森蘊氏の『桂離宮の研究』(四六―五〇頁、八〇頁)によると、遠州伝説に関係のあるのは小堀和泉守政峯ではなくして小堀仁右衛門正憲であり、特に遠州伝説を言いふらしたのは小堀家側ではなくして八条宮七代目家仁親王であったという。森氏はこれを『桂宮日記』によって詳しく立証しようとしているのであるが、簡単にいうと、小堀仁右衛門正憲は小堀遠州の末弟小堀右馬助正春(承応三年に禁裏普請作事奉行となった人)の後であり、その正憲が元禄二年(一六八九)に桂を拝観しているのであるから、桂別業の関係で問題になってくる小堀家は、この正春の系統の小堀家である。その小堀家が、正憲の桂拝観より半世紀位後の時代に、京都の地方の代官として桂川筋の修理とか年貢米の管理とかに当っていたが、その関係でか、多額の金子を宮家に貸していたらしい。『桂宮日記』には寛保二年(一七四二)の条に成崩金卅両のことが出ているという。そういう小堀家との関係を思い合わせると、家仁親王が晩年に至って急に桂別業のなかの遠州好みのことを口にせられるようになったのは、どうやら為にするところの所行であったらしいという。これは少し穿ち過ぎた議論のようでもあるし、またこの議論のなかで森氏が元禄二年の桂拝観を記すに当って「時の所司代小堀仁右衛門正憲」と云ったり、八条宮家の借金を記すに当って「当時所司代として羽振りのよかった小堀家」と云ったりしているのを見ると、ちょっと信用し兼ねる気持にもなる。京都所司代をつとめたのは相当有名な譜代大名で、元禄二年の頃は内藤大和守重頼、寛保二年の頃は牧野備後守貞通であった。小堀家のものが所司代になったりなどしたことは、前後を通じて一度もない。京都所司代は京都地方にある小さい天領の代官などとはまるで違うであろう。しかし森蘊氏の推測しているようなことがなかったとも断言は出来ない。いずれにしても遠州伝説がかなり後の時代に発生したことだけは確かであるらしい。実際その伝説は、八条宮が桂別業を作られた頃の創造的な気分に対照すると、どうも末流的といわざるを得ない見方を示しているように思われる。

　さて中書院の南（西）面の姿を非常に引き立てている飛石の直列や、それと平行させてある芝生境の鋭い仕切りの直線などは、ちょうど楽器の間のそばの広縁の所へ突き当って、そこで終っている。その工合を眺めていると、どうもこの広縁のあたりまでが中書院と同じ時の建て増しではないか、という気持が、強く起ってくる。尤も、外から屋根の形を眺めただけでは、この点ははっきりしない。楽器の間のところの屋根は、新御殿を建て増した第二次造営の際に、更に大きい改造を受けたであろう。従ってそれ以前の、中書院だけでまとまっていた時の屋根の形は、ただ勝手に想像して見るほかはない。それよりも一層具体的な手がかりのように思われるのは、古書院に中書院を建て増した時の、間取りの関係である。古書院の東北端には、池に面して、広縁や露台がある。それは相当に広く、客なども大勢出来るほどである。それに対応して、新しく建て増された中書院の、更に西南のはずれに、全体としては前者ほど広くはないが、しかし同じように一間幅の広縁が作られ、そうしてここでも同じように外の景色を眺め楽しむことが出来るように、一間の腰掛が作りつけられている。ここに並んで腰かけるのはせいぜい三人であろうから、ここを使うのは内輪の人だけ、客を通しても一人か二人の場合ということになる。この腰掛の背後は、琴などを立てかけて置いたらしい一坪の楽器の間になっているが、更にその裏には便所や湯殿が設けられている。つまり中書院で寐起きする人々にとっては、この楽器の間の部分（即ち実質的には便所や湯殿を含んだ部分）まででで、とにかく一揃えの住宅としての用を便ずることになるわけである。そういう人たちは、湯上りにちょっと風に吹かれたいと思えば、古書院の広縁などへ出て行くことは決してあるまい。湯殿から裏廊下伝いに直ぐこの楽器の間外《まそと》の広縁へ出て、そこの腰掛に腰をおろして、前にひろびろと広がっている芝生の庭に目をやったであろう。勿論ここから眺められるのは芝生だけではない。少しく左手の方へ目を向ければ、そこには芝生と接して杉苔の庭があり、その向うには池や大きい中島が見える。が主要な印象はここでは芝生からくる。池の渚に立っている立石などは、ここでは一つも眼に入って来ない。これを無数の立石に面している古書院露台の眺めに比すると、非常な相違といわなくてはなるまい。またそこに、湯上りの気安い気持とちょうど合うような点もあるであろう。そう考えてくると、古書院の竹の露台と、楽器の間外《まそと》の広縁とは、月見の晩に客をする場所と、湯上りにくつろぐ場所というような区別を感じさせる。しかも、そういう区別を通じて、両者のうちに、同じ意匠が感じられる。つまり古書院の竹の露台と、楽器の間外《まそと》の広縁とは、首尾呼応して、この一連の建物を一つのまとまりにまとめあげているのである。

間取りの点からして、右のように、中書院建て増しの際の建築家の統一的な構想を推測し得るとすれば、前に問題とした古書院と中書院との周辺の、石の敷き方に見られる直線的構成であるとか、それと共に眼に入ってくる書院の姿であるとか、においても、同じように一つの統一的な構想を見出すことが出来はしないであろうか。

楽器の間の外の広縁から東の方を眺めると、左手に中書院の入母屋の屋根の妻のところや、その下の軒や、軒端へずっと出張って際立《きわだ》って見える外障子の白い平面や、それを高々と差上げている高い床などが見え、それらに対して右手の方には、低く一面に杉苔や芝生が広がり、その柔かな、ふくふくとした杉苔の中には、真直な飛石の直列が、またその杉苔と芝生との間には瓦の細い鋭い直線が、平行して真直に東の方へ走っているのが見える。この左と右との光景を漫然と眺めていると、実に何ともいえずのびのびとした、朗らかな気持になってくる。そういう気持にさせるものがそこに並んでいるからであろう。外障子の白い平面と、杉苔や芝生の緑の平面と。それらはまことに有りふれた平凡な形象であるが、しかしこうして眺めたところでは、実に鮮やかな、目のさめるような印象を与えずにはいない。軒端の直線の気持のよい伸びと、芝生を仕切る瓦の線の鋭い伸びと。それらもまた有りふれた平凡な形象であるにかかわらず、いかにも斬新な、新鮮な、一歩を進めていえば革新的な印象を与える。それらが滞りを打破するのびのびとした気持の原因であろう。そうなると、平面的なものや直線的なものの美しさを生かせるということが、ここではかなりはっきりとした一つの意図である、という点は認めざるを得ないであろうと思う。

これに比べると、古書院の周囲には、いかにもごつごつした飛石が散らばっている。池の側《がわ》の竹の露台の周囲は特に甚だしい。その露台に立って眺めると、このごつい飛石と調子を合わせたように、池の渚や中島の周囲に、点々と立石の姿が、ひどく際立って見えている。この飛石にしろ、立石にしろ、のびのびとした朗らかな気持とはおよそ縁の遠い、むしろ峻厳な感じのものである。そうしてこの二つの感じは、ただ並べて置いただけでは、その間に調和も融合も起り得ないものだと思われる。然るにこの古書院の周囲の飛石の間には、前に観察して来たように、三種の直線的なものが配置されているのである。即ち、御輿寄前の方からのびて来ている長い直線的な敷石道と、広縁の周囲の雨落溝と、その溝の外側に溝と平行して杉苔の中を走っている小さい野石の直列とである。これらはごつごつした飛石の力強さに圧せられて、直線的なものとしての印象を十分に与えることは出来ないのであるが、しかしそれでも、三重に飛石にからみつくことによって、二つの相容れない感じの対立を和らげ、それを一つの調和にまとめ上げて行こうとする効果をあげていることは、疑いを容れぬであろう。本来の性質からいえば、ここに用いられている直線的なものは、中書院の前であれほどの効果を見せているものと、殆んど変りはないのである。雨落溝は両者において同じ構造であるし、それに平行して杉苔の中を走っている小さい野石の直列は、中書院前の芝生の仕切線に極めてよく似た感じのものであるし、竹の露台下の直線的な敷石道に至っては、中書院前の飛石の直列よりも一層直線的なのであるから、むしろ中書院前におけるよりも一層強く直線的な印象を与えてもよい筈であるが、それが飛石に圧倒されて十分に直線的なものとしての印象を与えることが出来ないということは、それだけごつい感じの飛石を和らげ、調和の道を開いている、ということにほかならないであろう。

こうして古書院と中書院とが一つの美しいまとまりとして感じられるとすれば、古書院の飛石に直線的なものを絡みつかせたという風な形づけは、御輿寄前の壺庭と同じく、中書院建て増しの時の統一的な構想に基くものではないかという臆測をさそい出さずにはいないのである。中書院の建て増しということは、ただ中書院にだけ関することではない。古書院をも含めての当時の建物と庭との全体に対して、一つの新しい統一を作り出したということを意味するであろう。桂離宮において今われわれが驚嘆している形の主要なものは、この時に作り出されたものであるかも知れないのである。

これが八条宮の「思し召す御儘の御普請」ではなかったろうかということをわたくしは臆測して見たのであったが、それが当っているとしても、その「思し召し」に従って実際の施工を指導し監督したのは、中沼左京であったでもあろう。或は、事によれば、右の「思し召す御儘の御普請」という言葉は、中沼左京自身が思いのままに設計した建築ということを意味しているのかも知れない。その場合には中沼左京の作者としての地位が非常に重くなる。しかしその場合でも、左京にそういう腕を振わせたのが八条宮及びその妃であったということに変りはない。

十三　新御殿より中書院を望む

十四　松琴亭土庇境の切石の線

十一　松琴亭とその周囲

松琴亭の茶室が出来上った時に、いよいよ「思し召す御儘の御普請」が開始されるであろうと発表された。その普請が古書院御輿寄の改造や中書院の建築などであったであろうとわたくしは臆測したわけであるが、もしその臆測が当っているとすると、中書院や古書院の周囲を作り直すという活動は、やがて再び松琴亭の方へ帰って来たであろう。そうして松琴亭や、その周囲の造形に著しい影響を与えたであろう。白川石の橋が松琴亭の東北側にかけられるというようなことも、或はこの時に起ったのであるかも知れない。

そう考えてわたくしは、極めて気軽に、松琴亭の改造を空想したのであった。まず第一に、松琴亭の母屋の古い形を保存しつつ、そこへ新しい要素が加えられたであろう、即ち中書院と古書院との場合と同じように、ここでも新しい統一が作り出されたであろうと考えた。ちょうどそういう空想をさそい出すような二群の印象を、わたくしはそこから受けていたのである。

松琴亭の正面の姿は多分古いままであろう。朱塗欄干の橋がまだかかっていた頃に、それを渡って松琴亭へ近づいて行くときにも、橋の上から見える松琴亭の姿は、今と同じような、田舎家風の大屋根を正面から見る姿であったであろう。それに段々近づいて行って、橋を渡り切ったところは、松琴亭前の芝庭の、向って右のはずれで、そこの渚には相当にごつい感じの石組がある。しかしそこから左方へ、芝庭の端を区切っている渚は、石組がわりにまばらになっている。芝庭は「夜の面」と呼ばれているそうであるが、植込みはなく、ただ中央よりも向って左寄りの方に、角《かど》ばったごつい感じの手水鉢が据えられているのと、その更に左寄りの方を通って、松琴亭の前から出ている飛石の列が、芝生の中を斜めに、渚のところまで下りて来ているのとだけが、見ものになっている。その渚にもかなりごつい感じの石組がある。これらの飛石や石組の感じは、古書院の軒下の飛石の感じに似ているように思われる。その点では、古書院と松琴亭とを同類のものとする印象は、どうやら有利な材料によって支持されたように見える。

ところで、橋を渡り切って、右に言及した芝庭を左手に見ながら、松琴亭の方へ近づいて行こうとすると、丁度そこへ、恰も出迎えに出て来たように、松琴亭の軒下の方から斜に飛石道が延びて来ているのである。その飛石道というのは、かなり角《かど》張った飛石を、全体として直線になるように並べ、その飛石の間や周囲には、小砂利を一杯に敷き詰め、そうして、驚くべきことには、この小砂利敷の飛石道の縁取《ふちど》りとして、角《かど》のきっぱりとした切石が、直線的に並べられているのである。尤もこの飛石道はあまり長くはなく、直ぐに松琴亭の軒下に達するのであるが、その軒下の姿がまたよほど特徴のあるものである。というのは、松琴亭の正面は、前一間を吹き抜きにした土庇で、四本の皮付の「あべまき」や櫟の柱が建ててある。この柱が遊離して松琴亭の大屋根を軒のところで支えている姿は、遠くからでも見える。特に向って右の角の柱が著しい。そうしてこの遊離した柱の支えているところは、上は竹棰《たるき》や竹小舞《こまい》を見せた葭の化粧屋根裏で、障子の敷居の所から外へ二間位も突き出て居り、下は、池の方から上って来た飛石道と同じように、小砂利を一面に敷きつめて、その中に同じように角ばった飛石を散らしている。つまり構造は飛石道と同じなのであるが、しかし道と違って幅がずっと広く、二間位になって居り、その中に竈やそれを囲う袖垣が作ってあり、そうしてその上を屋根が覆うているのであるから、ここは道の感じではなくはっきりと土庇になっている。しかしこの土庇は飛石道がそのまま広くなっただけなのであるから、飛石道の縁取りとなっていた切石の直線は、斜めに方向を変えて、土庇の小砂利敷とその外側の芝生との間の仕切り線に転化しているのである。この直線的な切石の仕切りは、古書院の軒下の雨落溝やその外側の小石の直線よりも、ずっと角《かど》の鋭い、太い直線であって、直線としての印象はずっと強烈である。だから土庇の小砂利敷の中に数多く散らばらせてある大小の飛石や、そこから分れて芝生の中を斜めに突切って渚の方へ走っている飛石などが、かなり角張《かど》った、ごつごつした感じのものであるにかかわらず、土庇のはずれの仕切りの直線は、それをすっかり圧倒した感じになっている。飛石の中に角張ったもののあることや、芝生の中の手水鉢が角張った輪郭を持っていることなどは、むしろこの仕切りの直線が支配的になっていることの証拠のようにさえ感じられる。そうなるとこの切石の仕切り線は、古書院の軒下の直線的な要素などよりも、ずっと際立った存在になってくるのである。

以上は松琴亭正面の土庇だけででも言えることであるが、しかし向って右の端の遊離した柱が際立って見えるということは、土庇が正面から右側面（即ち西南側）へ廻っていることを示している。右側面では土庇の深さは三分の一を減じているが、しかし小砂利敷や飛石の配列は同じやり方で、区切りなしにずっと続いているのである。従って橋の方から斜めにのびて来た飛石道の、向う側の縁取《ふちど》りの切石の直線は、正面の場合と同じように斜めに方向を変えて、土庇の小砂利敷の仕切り線として、正面の場合と同じ長さだけ、直線的にのびているのである。しかしこの側には正面のように広い芝生はなく、斜面になった芝生の一間ほど下のところに、切石を並べた舟着場がある。この舟着場が水際にはっきりとした直線を作り出しているのであるから、ここでは、上と下とに二本の切石の直線が並んでいることになる。これはどうも直線の効果をねらった意匠としか思われない。

以上のように見てくると、松琴亭の北正面と西側面とにめぐらされているあの力強い切石の直線は、前に問題とした松琴亭前の芝庭の飛石や、そこの水際の石組などが与えた印象を、すっかり取消してしまうことになる。またそれは、古書院の入母屋の屋根と調子の合っているあの松琴亭の田舎家風の大屋根とも、調子の合わないものだといわざるを得ない。あの大屋根の棟の線や軒の線は、大体は直線に近いものであって、反りがあると言ってもほんの僅かなのであるが、しかしその与える印象は鮮やかな彎曲線である。直線にする方が容易であるのに、わざわざその直線を否定しているのであるから、直線であることを際立たせた切石の仕切り線と逆の立場に立っていることは明かである。

では松琴亭の建築は、切石の直線と全然調子の合わないものであるか、というと、必ずしもそうなのではない。むしろ調子の合う部分の方が多いといえるかも知れない。

松琴亭の西（南）側面の姿は、そのよき例である。前にこの側の土庇の端にある切石の直線が、直ぐ下の舟着場の切石の直線と並んでいることを指摘して、そこに直線の効果をねらった意匠の働いていることを推測したが、その意匠は、単に石の配列のことに止まらず、松琴亭の建築にも及んでいるように思われる。それを最も痛切に感じさせられるのは、松琴亭の西（南）面を正面から眺め得るように、前の中島に立って池越しに眺めた場合である。舟着場の切石の直線を眺めている眼を転じて、すぐその上にある松琴亭の屋根や壁や建具などの交錯した姿を眺めると、そこには全く直線的なものと平面的なものとだけで出来ている美しさ、即ち切石の直線の優れたヴァリエーションがある、という気持にならずにはいられないのである。これも田舎家風には相違ないであろうが、しかし田舎家風というには少ししゃれ過ぎているように思われる。最初正面の池越しに田舎家風の大屋根を眺めた時には、その田舎家の側面がこれほどしゃれた姿を持っていようとは、全く思いも及ばないことであった。

ではその側面の姿はどういう風であるかというと、第一、茅葺の屋根の形が正面とよほど違う。正面から見た場合に、大屋根の右の端に見える入母屋の妻が、この側面から見ると、真向きにこちらへ開いている。そうしてその開いた口の輪郭となっている茅葺の端の切り口は、屋根の表面のふくらみなどにはかまわずに、実に真直に揃えてあるので、いかにも太い直線になって、三角形の山形の二辺を形成しているのである。この三角形の上には、大屋根の瓦をかぶせた棟が、一文字に走っているわけであるが、その棟の背面、即ち正面からは見えないところに、大棟より一段低くして、大棟と直角をなすように、後方へ向けて一つの棟が分れ出ている。この棟にも瓦が並べてあるが、その棟瓦の線は、大屋根の棟瓦の線と違って、全然反りを見せない直線になっている。そうしてその直線が、入母屋の整然とした三角形の肩あたりのところから、右の方へ真直にのびているのである。これはかなり著しい直線形の組み合せである。それを受けている軒端の線は、正面の大屋根の軒のように反りを持ったものであるらしいが、しかし正面を遠ざかって右の方にくると、あまり反りが見えないように思われる。

　以上はただ茅葺の屋根の印象であるが、それが松琴亭の正面の形と違って、直線的なものの美しさを生かせようとしていると共に、その軒の直線の下に見えるものが、また正面の場合とは違うようである。正面の大きい軒の下には、ずっと引込んで明障子や雨戸が見える。明障子の前には竈の袖垣がある。それらは皆縦と横の直線で出来た形象であるが、しかしそれらは特に直線的なものという印象を与えはしない。然るに側面の、反りの見えない軒の線の下では、いきなり、鴨居や敷居などの横の直線の存在を意識させられる。それらが軒の直線と平行して走っている、ということは、否応なしに感じさせられる。それは一つには、正面の軒下に見えない欄間が、ここでは軒の線の直ぐ下に目立っている、ということによるのかも知れない。その欄間には白い障子がはまって居り、障子の外側には細い桟が縦に細かく並び、その中程に横の桟が一本通っている。この細かい直線群が対照上反って軒の直線の印象を強め、そのために鴨居や敷居の印象をも共に強めたのであるかも知れない。こうして横の直線の印象を強めれば、おのずから柱や欄間の縦の直線の印象をも強めることになる。結局軒端の線が直線的な印象を与える、ということが、その下にある直線的なものを強く意識させる縁となっているのである。だから、同じように戸障子の並んでいる正面において、一向に際立って来ない直線的なものが、この側面では実に鮮やかに際立ってくるのである。

そうなると、こういう直線的なものの美しい絡み合いを上から覆うている屋根の平面の感じが、またすっかり変ってくる。この側面で、棟や入母屋の妻のところから軒端の方へ流れ下りてくる屋根の平面は、正面の大屋根の斜めの面のように広くはない。多分その何分の一かに過ぎないであろう。しかしその広い面においてあまり際立っていない、真直ぐな平面の感じが、この側面の狭い平面では、実に強く現われているのである。そのために、それはまさしく直線的なものと絡み合い、直線的なものを覆うている平面的なものという感じになって、互にその美しさを助け合っているように見える。

が松琴亭のこの側面の形は、それだけではまだ出来上らない。以上のような直線的なもの平面的なものの整然たる組み合せに加えて、恰かもそこへ破格な一触を加えるかのように、平面的な茅葺屋根の途中から、向って右の方へ、即ち建物の後側の方へ、斜めに真直に、瓦屋根が流れ下りているのである。その屋根の下にあるのは次の間や便所などであるが、そのせいもあってこの瓦屋根は、茅葺屋根と同じ急勾配で、かなり下の方まで下りている。側面から見ればそれはただ一本の斜めの直線である。そうしてその直線の下には、二間幅の窓のない壁が、広々と広がって見える。つまりここに、屋根の平面と呼応して、純粋に平面的なものが展開されているのである。壁の色が茅葺屋根の色よりも派手なだけに、この平面的なものは非常に際立って感じられる。松琴亭の側面の形は、この壁と斜めの瓦屋根とを入れて、初めて一つのまとまったものになるのである。

以上のように見てくると、松琴亭の西（南）側面の姿は、正面の姿からは全然予想し得られなかったほどに、直線的なもの平面的なものの美しさを活かしているのである。そうなると松琴亭の土庇の端の直線的な仕切りは、同じ感覚を示しているのであって、一向驚くに当らない。つまり松琴亭には、古書院と調子の合っている層と、茶室のある東北面に共通な、随って中書院とも共通な感覚に基いている層と、少くとも二つの層が重なり合っているのである。そこで、もし松琴亭の最初の姿が、天の橋立の石の反り橋や古書院の入母屋の妻と同じ時に作られたものであるとすれば、この松琴亭の側面の姿や、土庇の仕切り線などは、中書院と同じ頃の、或はそれに引続いた、改造を示すものではなかろうかという考が、おのずから浮んで来る。と言っても、そういう改造を立証することは、右のような印象からだけでは出来ないことであるが。

松琴亭の東北面の姿は、西南面の姿とは著しく違っている。これが同じ建物の両面であるとはちょっと考えにくいほどである。その最も著しい点は、東北面では入母屋の妻の二等辺三角形が支配的な位置を占めているのに対して、西南面では、同じ三角形が上に見えているにもかかわらず、それが支配的な地位を持たず、その三角形の右肩から右の方へ真直に延びている別棟の直線が、むしろ支配的な力を持っている点であろう。そのために屋根全体が三角形の支配から脱して、別棟の横の直線の支配の下に入り、その棟から流れ下りた斜面に見えるのである。その結果であろう、棟の直線と軒の直線とは平行線として非常に目立つようになり、その屋根の下に立っている柱や建具の感じをまるで変えてしまう。全く同じ建物でよくもこんなに感じが変えられると驚くほどである。

しかし感じは違っても、両者が同じように直線の支配を印象するという点に変りはない。その直線の支配が三角形で現わされている東北面は、まだ何となく野暮くさい印象を与えるが、西南面ではそれが平行線と平面とで現わされているために、非常にしゃれた、スマートな感じになっているのである。殊に、向って右側に附け加えてある次の間や便所の部分は、ただ一面の壁と、それを上から斜めに覆う一直線の瓦屋根とだけであって、その単純な形が非常によい効果を出しているように思われる。そういう印象からしてわたくしは、松琴亭の東北面の増築や改造を出発点とした八条宮の思いのままの普請が、中書院や古書院御輿寄の工事において絶頂に達し、松琴亭西南面の増築改造においては幾分繊細に傾く傾向をさえ示すほどになったという風に臆測して見たのであったが、これはあくまでもただ臆測に過ぎない。

以上のような臆測のもとにわたくしは、加藤左馬助進上の白川石の直線的な橋を八条宮の思いの儘の普請の指標と見たのであるから、この指標もまた臆測的指標に過ぎぬのであるが、しかしそう考えてもなおこの指標には魅力が感ぜられる。

この石橋を流れの向うから松琴亭の方へ渡って来たところに、所謂流れ手水なるものが作られている。遠州好みの一つとして昔から有名であるが、それはこの流れ手水が非常に目立つものであったことを示すものであろう。しかしこれが目立ったのは、単にその思いつきの奇抜なことによるばかりでなく、また直線的な石橋との対照によるのではないかとも思われるのである。

流れ手水というのは、先ず不規則でごつい感じの大きい石を数個組み合わせて、水際への不規則な石段を作り、その石段の最下段に、くの字形に横腹の凹んでいる石を据え、その凹みの前の流れの中に、適当な間隔を置いて、大小四つの飛石を散らばらせたものである。それを使う人は、石段を下りて行って、流れの中の飛石のうち、最も石段へ近い石の上にのり、前方の飛石の上に置かれた柄杓《ひしゃく》や手拭を使ったわけであろう。最も遠く離れた飛石の上に水桶を置き、それに井戸水を入れたとも記されているそうであるから、使い方はいろいろであったであろうが、しかしいずれにしても足の運びや手をのばす都合は同じであって、石の間隔や位置はその方からきまってくるであろう。だから寸法は別に奇抜なわけではないが、しかしどの石も形は恐ろしく不規則で、位置は全然偶然のように見える。そういう石組の一端を目がけて、長い切石の橋が、流れの向うから真直にかかっているのである。そこで、この直線的な石橋の極めて規則的な形が、不規則的な石組との対照において一層目立つものになると共に、流れ手水のいかにも不規則的な石組も、規則的な石橋の形との対照において、一層目立ってくる。それは互いに相手を生かせつつ、一つの調和を作り出すやり方である。古書院の周辺の石の配置にちょうどこれと同じような二つの形式の絡み合いが見られたが、それと同じことをここでは更に突込んでやっているように思われる。白川石の直線的な橋は、そういう努力の指標ともなっているように思えるのである。

これらの石組や石橋を実際に考案しまた施工したのは中沼左京であったかも知れない。しかしそれを採用し、またそれを施工させたのは、あくまでも八条宮であったのであろう。八条宮が思いの儘の普請を決行するということは、同時に中沼左京にその手腕を振わせることであったのであろう。だからこそ八条宮妃は中沼左京に対して、「いよ〱思し召す御儘に御普請遊ばされ候はんやうの御事と祝入参らせ候」と言い送ることが出来たのであろう。これは中沼左京が実際の工事に与かることを前提しながら、しかもその普請全体を八条宮の構想に基くものとはっきり認めている態度のようにわたくしには思われたのであるが、しかしもし思し召す儘が八条宮のことでなく中沼左京のことであったとしても、左京をして思う存分に腕を振わせたのは八条宮とその妃なのであるから、事態は五十歩百歩であろう。

十五　松琴亭西南面　二二八頁以下参照

十六　古書院　中書院　新御殿全景

十二　新御殿増築

われわれは以上のように八条宮の思いのままの普請を臆測して見たのであるが、このように八条宮が妃の共鳴や協力を得て普請に没頭された時期は、あまり長くはなかった。僅か三四年後、寛永六年四月に、八条宮は、五十歳三箇月で世を去られた。時に長男の智忠親王さえもまだやっと九歳半であった。幼い子らを抱えた八条宮妃が、悲嘆のあまりに、数年来なじんで来た普請のことを、一時遠ざかられたのは当然であろう。しかしそれにしても、『鹿苑日録』の同年六月四日の条に「無修補故荒廃甚」と記されているというのは、どんなものであろうか。八条宮の歿後僅かに二箇月で、それほどに荒廃しようとは、ちょっと考えられない。それに比べると同じ日録の寛永八年八月廿四日の条に同じ文句が出てくるとせられているのは、いくらか年月を経ているだけに、やや肯けるようにも思えるが、しかし考えて見ると、二年半の間無修補であったからと云って、建物が荒廃甚しという状態になるわけのものではない。この文句は多分日録の記者（昕叔顕皡）が、その主観的な感じを記したものであろう。というのは、八条宮の生前には、いつ来ても何らかの普請の手がはいっていて、創造的な活気を感ぜしめたものであったが、歿後には寂としてそういう活気が動かない。いかにも淋しい。そういう感じを記者は無修補という語によって現わしたのであろう。また八条宮の生前には、普請というほどでなくとも、庭の草木に絶えず監視の眼が動き、随って要所への手入れが行き届いていたと思われるが、その歿後には監視や手入れが行き届かなくなり、この時までにすでに三夏を経過している。庭園は二夏も放置すれば荒廃の感じを与えるものである。特に桂離宮のように微妙な感覚によって形をつけられたものは、その形が崩れたという感じを強く与えたであろう。日録の記者はその感じを八条宮の薨去と結びつけ、深い感慨に沈んだのであった。そういう記者の体験が「無修補故荒廃甚」という文句に現わされているのだとすれば、この文句は桂別業の現状についての客観的な叙述というよりは、むしろ八条宮の生前にいかに絶え間なく普請の手が入っていたかを反映したものといえるであろう。それはたまたま八条宮の思いのままの普請が、歿せられる頃まで続いていたことの証拠にもなる。

右のように解すれば、数え年二十三歳になられた二代目八条宮が、寛永十八年に再び桂別業の使用を開始されるまでの十余年の間、この別業の庭や建物が「荒廃甚し」という状態で放置されてあったとは考えられないのである。八条宮妃はやがて哀傷の底から立ち上られたであろう。宮の「思し召す儘の普請」に共鳴し協力された妃が、その思い出の桂の別業に関心を持たれない筈はない。たとい新しい普請に乗り出されなかったとしても、荒廃を防ぐだけの手入れの采配は振られたであろう。八条宮妃がそういう才能や手腕を持った人であることは、中沼左京宛の消息が十分に証示しているが、実際の経過から云っても、智忠親王の健康のための設備として桂別業が役立つとなった時に、親王がすぐに桂別業の使用を再開されたということは、この別業がそれまでの十一二年の間適当な管理を受けて来たことを証拠立てているのである。

森蘊氏が『桂離宮の研究』（二三―二二頁、一九九頁）で発表した梅宮消息（宮内庁書陵部蔵）は、寛永十七年の暮に本願寺へ輿入りせられた妹の梅宮から、兄の智忠親王に送られた書翰で、寛永十八年に兄の智忠親王が桂へ「初めての御入部」をされた頃から、慶安元年に梅宮が夭折せられるまで、僅か八年間のものであるが、しかしそれによって成人された兄妹の姿が浮き出てくるし、またちょうどその期間に桂別業の第二次造営が行われたのでもあるから、非常に興味深い資料だと謂ってよい。特にこれによって初代八条宮の歿後十一二年の間に八条宮妃がこの兄妹をどういう風に育て上げられたかを知ることが出来るのは、第二次造営を考える上に、最も意味の深い点かと思われる。

梅宮の嫁がれたのは本願寺十三代の良如光円である。その本願寺は当時普請という点にかけては桂別業をかつがつに作り得た八条宮家の比ではなかった。聚楽第の遺構飛雲閣を移建したのは、桂別業とほぼ同じ頃の元和年間だといわれているし、伏見城の遺構を移して本願寺の書院としたのは、寛永九年良如上人の仕事であったと伝えられている。いずれも現在なお残っている建築で、絢爛豪華という点においては桂離宮は足許へもより附けない。尤もそれは芸術的にそれだけ優れているという意味ではない。桂の建築の簡素さの方が、右のような絢爛豪華よりも、反って美しいのである。しかしその点はとにかくとして、桃山時代の代表的な建築を引きうけた本願寺が、濃厚な普請の気分に取り巻かれていたことは、疑いがないであろう。そういう中へ梅宮を嫁がせたということは、八条宮妃が梅宮をそういう気分に適する人として育て上げていたことを示すかと思われる。梅宮消息によると、本願寺へ嫁いだ梅宮は、そういう気分のなかに同化し、その中へ兄親王を引き込もうとして働きかけているかのように見える。というのは、梅宮は、茶会や観能へのみならず、更に普請の見物に兄親王をさそっているからである。それは、

こゝもと亭《ちん》の普請《ふしん》、未《いま》だ杉戸《すぎと》は出来《いでき》候はね共、明日《あす》は御門《もん》の礎《いしずえ》にて御座《ござ》候まゝ、御見《けん》物遊《あそ》ばし候やうなる事はあしきながら、御慰《なぐさ》みに成《な》らせられ候やうに申され候とのことにて御座《ざ》候。猶々、石づへに目《め》に立《た》ち候やうに致《いた》すことは、御申つけ候へ共、自《し》然《ぜん》御慰《なくさ》みと御覧《ごらん》じられんは申上候へとのことにて御座《ござ》候。

というのだそうである。見物にさそうのは実は良如上人であって、梅宮はただそれを伝えるだけのような書き方であるが、それは云い廻しの上のことであって、梅宮自身もそれを希望しているのであろう。つまり良如上人が今熱心にやらせている普請に、梅宮が関心を抱くと同じように兄宮にもまた関心を抱いて貰いたいのであろう。

　ところで問題は、そこに言及されている杉戸や門の礎である。杉戸が出来ていれば勿論それが面白い見物の対象になるわけであるが、それが出来ていなくとも、門の礎を置くところは、見物するねうちがあるであろうという。これはいずれも建築について相当に深い理解のあることを前提とした言い分である。二代目八条宮は、みずから普請をした経験はなくとも、すでにこういう着眼点に注意が行くほどに、普請への興味を抱いていたのであろう。それは八条宮妃がこの十年の間に二代目八条宮をおのずからそういう風に仕込んで来たことを示すものである。

　そう考えてくると、八条宮の歿後十二三年の間にも、八条宮の創造的意志は、八条宮妃を通じて、智忠親王や梅宮の生活の中に浸み込んで行ったことになる。それはやがて本願寺良如上人の薫陶を受ける縁となり、更にこの薫陶を縁として智忠親王を利休の遺作に引き寄せるという事が起ったらしい。八条宮の諸大夫尾崎長尚の記した『長尚愚記八条宮之事』（宮内庁書陵部蔵）によると、智忠親王は桂から舟に乗って大阪へ夕方に着き、「西門跡之御堂」に泊って、翌日堺へ行って利休の作った囲や数寄屋を見られたという。宿の点から見ても、この旅行のプランはどうやら良如上人と関係があるらしいが、もしそうであるとすれば、利休の茶室や数寄屋に若い八条宮の興味を引きつけたのもまた良如上人であったかも知れない。とにかく寛永の末頃、二十三四歳の二代目八条宮は、桂別業を非常に愛用すると共に、また建築や庭園について強い関心を抱く人となっていたことは確かである。

その八条宮智忠親王は、寛永十九年の秋、二十四歳で、加賀侯前田利常の息女富姫を娶られた。この婚儀について『三壺記』は「公方様より内々上意にて御縁組」と記しているそうであるから、多分発案者は三代将軍家光なのであろう。前田利常の室も、後水尾天皇の女御東福門院も、共に前将軍秀忠の息女、即ち家光のきょうだいである。そういう関係から、右のような縁組は極めて思いつき易いものであったといえる。特にこの際には、富姫を東福門院の猶子とし、前々から後水尾上皇の猶子とされていた智忠親王に娶わせたのであるという。それが将軍家及び前田家にとってどういう意義を持っていたかは、ほぼ推察のつくことである。そこで八条宮家が、この婚儀によって、将軍家及び前田家から相当に手厚い後援を受けるようになったことも、同様に推測され易いことである。特に前田家の後援は、加賀藩の史料によると、かなり後まで続いていたらしい。

桂離宮の第二次造営、即ち桂離宮がほぼ現存の姿にまとまり上る工事は、右の婚儀の後間もなく始められたと思われる。それを立証するものは、前に引いた『三壺記』の婚儀の記事に、「洛陽桂の御所八所（条）の宮へ、利常公の御姫君おふう様御輿入」とあることである。加賀藩の人々はこの婚儀を「桂の御所」と結びつけて記憶した。ということは、桂の別業が八条宮の本邸よりも一層強い印象を与え、本邸の地位を奪って桂の御所に昇進するほどに、加賀藩の人々の関心を刺戟したということにほかならない。つまり桂離宮の完成は、加賀藩の財力を背景として遂行されたのである。

尤もこの「完成」ということは、二様の意に解される。もし現存の桂離宮の建築や庭園の姿が悉く揃ってくることを完成と解するならば、それはこの婚儀の時よりも更に十六年後の第三次造営を待たなくてはならぬ。しかしこの第三次造営は、御幸門とか、御幸道とか、笑意軒とか、或は室内装飾としての桂棚とかのようなものであって、桂離宮の庭園や建築の骨骼に影響するほどのものではない。随ってそれらを勘定に入れず、桂離宮の庭園や建築の、芸術的作品としての姿が、一通り整ったところを完成と解するならば、それはこの第二次造営によって達せられたのである。この時の普請の重《おも》なるものは、中書院楽器の間の先へ更に新御殿を建て増したこと、庭園に手入れをして池を南西方へ掘りひろげ、また池の北側の庭に外腰掛や中立の腰掛を作ったことなどであったといわれている。新御殿は古書院や中書院と相寄って現在の桂離宮建築の比類のない美しさを形成しているのであるから、これによって桂離宮の建築が完成したということは、決して過言ではない。また池を南西方へ掘りひろげたことは、桂離宮の庭園の輪郭を初めて今あるものに仕上げたことを意味するし、池の北側の外腰掛や中立の腰掛などは、それへ導いて行く敷石や飛石の配置と共に、あの広い庭を茶亭の露地としてまとめ上げたものとして、同じく桂離宮の庭園を完成したといってよいであろう。

　そうすれば二代目八条宮の第二次造営は、初代八条宮の第一次造営に劣らず重要な意味を帯びたものになってくるが、森蘊氏の『桂離宮の研究』（一六頁、一九五頁）によると、この第二次造営に関してもまた初代八条宮妃常照院殿の消息が残っているそうである。それは縫殿宛の消息であるが、宮の諸大夫尾崎縫殿頭宥朔は慶長三年の生れで、寛永の末に四十五六歳であるから、この消息で言及されている普請は、第二次造営のことに相違ないというのである。それによると初代八条宮妃も度々桂へ行っているようであるし、また工事の指図や出来栄の批評などもしている。特に出来栄に関して、「いよ〳〵思《おぼ》し召《め》す儘の御様子《ようす》」といい、思ったよりも「御ひろ〳〵と御勝手《かって》よく」出来ていると賞めているのは、どうやら新御殿のことではないかと思われる。この場合「思し召す」主体は二代目八条宮であること明かであるが、しかしこの時より二十年近く前に初代八条宮の「思し召すままの御普請」に深く関係していた初代八条宮妃からこの言葉をきくと、二代目八条宮の「思し召すまま」が決して初代八条宮の「思し召すまま」と無関係では

十七 新御殿東南面

十八　新御殿内部

ないということを感ぜざるを得ないのである。多分八条宮妃は、初代八条宮の「思し召すままの御普請」が二代目八条宮の心におのれの欲するところとして再現してくるように努力したのであろう。新御殿を建て増したやり方はまさにその通りで、初代八条宮の中書院の建て増しや古書院御輿寄の改造などの時の構想が、そのまま発展して来たかとさえも思われるほどである。

この印象はかなり意義深いものだと思われる。何故ならそれは桂離宮の美しさの根柢にふれる問題を含んでいるからである。桂離宮の建築の美しさは、古書院・中書院・新御殿の三つの棟が、鍵の手に折れ曲って続いている姿を以て絶頂とする。古書院の方から眺めても、新御殿の方から眺めても、また中書院から眺め分けても、この姿はそれぞれに胸を打つような美しさを発揮している。随って、桂離宮の美しさにとっては、新御殿の存在は欠くことが出来ないのである。それだけに、新御殿を建て増した第二次造営の技術家は、大きい尊敬を以て遇せられなくてはなるまい。然るにこの建て増しの構想が、実は中書院建て増しの構想の連続、或はその発展だということになれば、この桂離宮の造営を貫いて支配している初代八条宮の創造的意志は非常に底力の強いものになってくる。

中書院建て増しの際には、いろいろな点で古書院と逆に出ている、ということを前に問題とした。古書院が縁側の外端に白壁を立てて縁の下を全然見せていないのに対して、中書院は縁の下を吹き抜けとし、縁の幅だけ引込んでその奥に白壁や割竹の連子を立てている。即ち縁の下に関する限り、古書院は凸、中書院は凹である。そうしてその上部では、古書院の戸障子は縁側の幅だけ奥へ引込み、その引込んだ戸障子の上部に白い小壁をつけているのに対して、中書院は戸障子を縁の外側へ一杯に押し出し、その戸障子が軒の下へすぐに届いているのであるから、軒の下には小壁をつける余地がない。即ち縁の上に関する限り、古書院は凹、中書院は凸で、その凹の方に白い小壁が目立ち、凸の方には小壁がない。この凸と凹、それにからまる白壁や白い障子の平面の効果は、非常に際立った印象を与えるのである。

ところでこの対照は、中書院が建てられた当初からのものでなかった、という意見が森蘊氏によって提出されている。中書院の最初の姿では、縁側は畳敷ではなくして榑板張りであり、その外端に外障子などはなくしてただ勾欄が附いていたという。随って雨戸も明障子も三尺の縁側の奥に引込んでいたわけであり、更に重要なことには、その戸障子の上部に細長い小壁がついていた。そうなると、縁の上に関する限り、中書院は古書院と同じであって逆にならないのである。森氏の意見によると、中書院のそういう姿が今のように改められたのは、新御殿が増築されてから後だという。つまり、古書院・中書院・新御殿と三つの建物が雁行する形となった時に、古書院と中書院との間の逆の関係が際立つように改造されたということになる。何故そういうことが必要となったか。

一体それは何を意味するのであるか。

それを知るためには、一応森氏の意見通りの中書院の姿を心に浮べつつ、それと新御殿との間の関係を考えて見なくてはならぬ。中書院が最初から古書院と逆に出ているのは、縁の下の構造だけであるが、新御殿はその逆に出ている点をそのまま踏襲して、高床式、吹き抜けにしている。随ってこの点だけを見れば、新御殿は中書院をそのまま延長したことになる。然るに中書院が古書院のやり方をそのまま踏襲している縁の上の構造に関しては、新御殿ははっきりと逆に出て、戸障子を縁側の外端一杯に押し出している。しかもその縁側が、古書院の池の側の広縁と同じように、一間余の広い幅なのであるから、古書院のその部分の引込んだ感じと、新御殿のこの部分の出張った感じとは、特に顕著な対照を見せることになる。この点だけを見れば、新御殿は中書院に対しても逆に出ていることになる。つまり古書院・中書院・新御殿の関係は、いつも前者に対して半ば踏襲半ば逆に出るという態度を取り、結局古書院と新御殿との間に全面的に逆の関係を作り出しているのである。これは他の言葉でいえば漸進的に逆の立場に移ったことになるであろう。

ところで、右のように逆になるということなしに、三つの書院を貫いて変らない一つの要素があった。それは戸障子の上部に見える白い小壁である。それは後には中書院のが見えなくなるのであるが、最初は三つの書院に皆あって、有が無に転ずるということがなかった。しかしその、一貫して存している白い小壁は、古書院と中書院とでは凹の部分にあるのに、新御殿では凸の部分に移っている。また古書院では小壁の縦の幅が非常に広く、その上小壁を区切る柱が目立っているので、その白い小壁は方形や矩形の面として印象されるが、中書院や新御殿では、小壁の幅が狭く、横に細長いために、白い小壁は一本の太い直線に見える。随って古書院と中書院との間では、凹の部分で方形や矩形の面が一本の太い直線に転じ、中書院と新御殿の間では、その一本の太い直線が凹の部分から凸の部分へ押し出してくるのである。これは三つの書院の間で、直線の支配が強化されて行く段取りと解され得るであろう。

この白い小壁の取扱いが相当に大きい意義を担っていることは、新御殿の軒下に見える細長い小壁が決して偶然に出現したのでないことを見れば明かである。ここにこういう小壁をつけることが出来たのは、軒の高さを中書院と同じにして置きながら、床の高さを中書院よりも低くし、その上、戸障子の下部敷居の下に腰板を張らず、敷居を縁板と同じ平面につけたためだそうである。これは中書院の縁廻りの構造から見れば、相当に気を使った新意匠だといわなくてはならない。新御殿の縁の外端まで戸障子を押し出す意匠と、軒下に白い小壁を見せる意匠とは、一つに結びついているのである。随って新御殿の軒下一杯に押し出している白い明障子と、その上に横に細長く走っている白い小壁とは、新御殿の独特な姿の要所をなすといってよいであろう。

新御殿が建てられたときに、古書院・中書院・新御殿の間にこのような展開的な関係が自覚されていたかどうかは立証するすべのないことであるが、しかしそれぞれの形象の間にそういう関係のあることは認めざるを得ないであろう。新御殿の建築以後に中書院の改造の行われたのが、そういう形象自身の必然に要求するところに従ったということも、あり得ぬことではなかろう。その改造は中書院の縁側の勾欄を撤去して、その箇所に新御殿と同じく戸障子を押し出したことである。が、ただそれだけの改造によって、中書院は、凸凹の関係において古書院と全面的に逆になり、更に白い小壁に関しても、古書院と逆になってくる。というのは、古書院でいかにも間ののびたように広々と見えている白い小壁が、中書院では全然見えなくなっているのである。そのため、軒の下に直ちに白い明障子の続いている中書院の姿が、いかにも中書院の特性を発揮しているように感ぜられてくる。それはまさに古書院否定の姿である。

中書院に続いている楽器の間の、東（南）側では、僅か一間半ほどの間ではあるが、戸障子の上部に細長い小壁がついている。その結果、この戸障子の立っている箇所は、いかにも「窓」という感じになっている。実際この箇所は、床が新御殿よりも高く、そうして障子の下には腰板が張ってあるのであるから、障子の丈は窓といってよいほどに詰っているのである。それによって見ても、軒の下に小壁の見えないことが、中書院の独特の姿であることが解る。然るに新御殿では、軒と明障子の白い平面との間に、横に細長い小壁が際立って見えているにかかわらず、その下の戸障子には窓という感じを全然与えず、中書院の明障子と同じように広々とした白い平面の美しさを十分に発揮させているのである。しかもその小壁は、幅が古書院のそれの半分位でありながら、横の長さが古書院のそれの二倍ほどもあるので、古書院のそれのような間の延びた感じを与えることなく、軒の直線と平行して、いかにもきびきびとした印象を与える。そういう効果を感じながら、古書院の広い小壁や、小壁のない中書院の明障子などを眺め渡していると、どうしてもその間に展開の関係を考えざるを得なくなる。それはわたくしの主観内のことに過ぎないかも知れぬが、古書院の戸障子の上の広い小壁は、中書院における否定を通じて、新御殿における直線的な細長い小壁になったという風に、どうも言いたくなるのである。

　中書院の縁端の改造ということが事実であるならば、右のような展開の関係は初代八条宮の意匠を変えることによってのみ可能となったのであって、その意匠の発展だとはいえなさそうに見えるが、しかし新御殿の意匠が、中書院の意匠に含まれている「逆に出る」という関係の発展に過ぎないとすれば、新御殿の建築を媒介として中書院の意匠が一層よく自覚され、それが改造を呼び起すということもあり得る。初代八条宮の構想は、八条宮妃の心に消えぬ火として生き続け、十何年かの間に種々の仕方で二代目八条宮の心に滲み徹って行ったとも解される。それが遂に新御殿として実現された時に、八条宮妃や二代目八条宮の心に、おのずからにして中書院の改造のことが浮んで来たとしても、不思議なことはない。

古書院・中書院・新御殿の三棟が、外観上右のように緊密な統一を見せているように、それらの軒下から庭へかけての石の配置や庭の面の取扱いなどにおいても、古書院前・中書院前・新御殿前の三段の変化は、明かに一つの統一のもとに行われている。古書院の周囲には、雄勁な感じの自然石の飛石の不規則な配置と、雨落溝、その外側の苔の中を走る小石の直列、更にその外側を走る敷石や飛石の直列など、三条の直線との、からみ合いが見られた。然るに中書院の外側には、自然石の飛石もなく、小石の直列もない。ただ雨落溝の外に苔が広々とひろがり、その中を一本の飛石の直列が走っているだけである。しかもその簡素さのために、直線的な飛石の列が非常に強い印象を与える。尤もこの印象は、飛石の列の外側にそれと並行して走っている瓦の直線によって、よほど助けられているであろう。この瓦の線は、苔地の外の広い芝生を区切るためのものであるが、その芝生は新御殿の前面に広々とひろがっているのであるから、この区切り線はまた、古書院及び中書院前の苔庭と、新御殿前の芝庭とを、截然として区切る線ともなっている。ということは、それが中書院の外庭の要素としてよく利いていると共に、新御殿の外庭の要素としても利いているということにほかならぬであろう。新御殿の外側は中書院のそれよりも更に簡素で、雨落溝のほかに何もなく、ただ一面の芝生なのであるが、その芝生の端を区切る瓦の線が実に鋭い直線で、新御殿の東面の線とは直角の方向に、遠く池の近くまで、殆ど新御殿の倍位の長さに走っているので、そのために芝生の平面のひろがりが非常に広々と印象されることになると思われる。つまり新御殿の外側には雨落溝のほかに何ら直線的な形象を配置しないにかかわらず、直線的なもの平面的なものの美しさを生かせようという意図が、最もよく成就されているのである。しかもそれが中書院外の直線的な形象を利用することによってなされているのである。

尤もこの芝生は、もとは鞠場に用いられたので、芝を張らず、砂まじりの土のままで、必要に応じて白砂を撒いたらしいといわれている。しかしそうであっても、ここが広々とした平面であったことには変りはない。もしそれが一面に白砂を撒いた平面であったとすると、苔の生え揃った中書院前との対照は、一層際立ったものであったかも知れない。またその間を仕切る瓦の直線は、一層強い印象を与えたかも知れない。

なお森蘊氏『桂離宮の研究』（一七四頁、一九〇頁）によると、新御殿を建てた時には、庭の池をも南西方へ掘りひろげたという。それまでは古書院の前までしかなかった池が、中書院の前を過ぎ、さらに新御殿の前を過ぎて、新御殿前の鞠場や馬場の南方にまでのびたのは、この時のことだそうである。今園林堂のある島はこの時に初めて周囲を掘って島になったのだといわれている。そうなるとこの時の池掘りの工事は、第一次造営の時の池掘りに劣らない大工事であったといわなくてはならない。しかもそれは主として新御殿前の鞠場や馬場を形よく生かせるためであったように見える。池の西南端に殆んど矩形に近いような部分が出来ているのも、側の直線的な馬場との関係からであろう。後に池のこの部分に面して笑意軒が建てられ、矩形の一辺が軒前の舟着場にされているが、そればかりでなく、池のこの部分の周囲では、道も垣根もすべて顕著に直線になっているのである。

新御殿の外観は、以上のように、古書院・中書院を貫く意匠の展開とさえも見られるのであるが、新御殿の内部の印象もまたそういう見方を支持するように思われる。

新御殿の内部についてわれわれの受ける第一印象は、楽器の間外の広縁のはずれで、左手の杉戸をあけて、真直に南の方へのびている広い長い廊下を眺めた時の、何ともいえず豊かな感じである。その幅は一間よりもちょっと広いではあろうが、しかし大体において一間廊下であって、少しも珍らしいものではない。室の側の半分に畳を敷き、外側の半分に板を張っているやり方も、ありふれたやり方である。しかもそれが実に豊かな美しさを感じさせるのは何によるであろうか。一つは廊下の外側が鴨居から敷居まで一杯の明障子で、光線を柔かく取り入れていることにもよるであろうが、それより重要なのは、廊下の中央、畳と板との堺を走っている長い框と、それに呼応するかのように右側の室の鴨居の上を走っている長い長押とである。いずれも単純な直線であるが、しかし框の方がきちんと角を附けた欅材であるに対して、長押の方は自然の丸味を保存した長い杉丸太であって、その柔かい感じと欅材の堅い感じとが、非常に面白い対照をなしている。多分それらが先ずわれわれの眼を捕えるせいであろう、われわれの受ける第一印象は、実にのびのびと気持よくのびているという感じなのである。

この印象は恐らく誰にでも共通なものなのであろう。『桂御別業之記』の中には、長押に関しては「吉野杉丸太、東面五間余、末太細なし」、框に関しては「御縁座敷七畳半、滑敷居（槻本末なし、東南折廻り七間）加藤清正ヨリ進上」と特筆しているそうである。加藤清正はこの新御殿の普請の時より三十数年前に歿しているのであるから、清正より進上という云い伝えが事実であったとしても、この欅材は四十年近く何処かに保存されていたことになる。これはそう簡単に出来ることではない。またそれが単に伝説に過ぎないとしても、そういう伝説の発生はこの欅材が稀有のものであることを示していると云ってよい。欅には大木が多いのであるから、五間や七間の長さは異とするに足りないが、しかしそういう長大な欅材からこの框のように細長い、本末のない、一本の材を取り出すことは、そう簡単なことではない。多分そこには技術的にいろいろな困難があるのであろう。そういうことは素人でも何となく感じるものである。それが清正進上という伝説の意味であるかも知れない。それに対して吉野杉丸太の方は、別に伝説というわけではなく、実際に吉野杉なのであろう。吉野は地勢や気候の関係で杉が非常に工合よく育つところである。特に、あまり太くない、丸太として使うような木が、非常に長く、真直に、すくすくとのびている。がそれにしても、五間あまりの丸太が、本も末も同じ太さであるということは、ちょっと珍らしいと思われる。尤もこの「吉野杉丸太の長押」の作り出している印象には、ちょっと手品めいたやり方が含まれているかも知れない。というのは、これは長押なのであるから、幅は框と同じほどで、そこに杉丸太の丸い表面を見せながら、長さが五間以上ものびているので、いかにも框と同じほどの太さの杉丸太であるかのような印象を与え、そのために「吉野杉丸太の長押」と呼ばれてもいるのであるが、しかし考えて見ると、長押の表面の丸味は杉の丸さ即ち円周の何分の一かに過ぎず、随って長押として用いられているのはこの丸い杉材の何分の一かなのである。して見るとその杉材は、杉丸太と呼ばれるには少し太過ぎるような、大きい杉の木だということになる。そういう太い杉の木ならば、五間位の間、本と末とで太さに変化がないということは、わりにあり易いことであろう。「吉野杉丸太の長押」というのは、そういう大木をうまく使って杉丸太の感じを出したものにほかならないのである。そう解って見ると、杉丸太の長押も欅の框と同工異曲だということになる。そうしてこれらの細い框や細い長押が、継目なくただ一本で五間余の長さを持っているために、いかにものびのびと気持よくのびているという感じを与えるのは、決して偶然でないということをも悟らせてくれる。欅の大木や杉の大木の持っていたエネルギーは、暗々裏に右のような印象の根源となっているのである。

新御殿の縁側の与えるこの印象は、新御殿の一つの特徴と言ってよいかも知れない。ここにもまた古書院と中書院との綜合が見られるのである。古書院の池の側《がわ》には一間余の幅の広い縁側があって、それが竹の露台に続き、いかにもゆったりと池の景色に臨んでいるが、しかしそれは雨戸や障子の外の縁側であって、むしろ露台の感じに近くなっている。中書院では（今は改造後の姿だけを問題にするが）縁側に畳を敷き、雨戸と外障子を縁の外側に出したために、縁側は縁座敷と呼ばれるにふさわしいような、屋内の感じになってくる。その代りこの縁座敷は幅が僅かに三尺で、殆んど独立の印象を与えることがない。縁側としての独立の印象は、楽器の間外の、腰掛のある縁側の方が、ずっと際立っているが、しかしここは古書院の縁側と同じく戸障子の外側である。それらに比べると、新御殿の縁側は、戸障子の内側に取り入れて畳を敷いている点においては中書院のやり方を受けつぎつつ、その畳敷の外に更に板敷を並べ、一間幅の広縁として、ゆったりとした感じを出している点においては、古書院のやり方をも生かせているのである。しかもそれによって作り出されたものは、古書院にも中書院にも全然見ることの出来ない、実に広々とした感じの廊下なのである。それは、戸障子の内側にこういう広縁を作ったために、当然作り出された効果であるともいえるが、しかしその広縁を直線的に五間以上、折れ曲って七間以上走らせるという規模は、古書院にも中書院にも見ることが出来ない。しかもこの規模の故に欅の框や吉野杉丸太の長押の直線的な効果を顕著に現わすことが出来たとすると、ここで一間長いということは質的に意味するところは非常に大きいのである。

尤もこの縁側の欅の框については、後の補修工事の際に入れたものではないかとの疑問も起っている。森蘊氏の『桂離宮の研究』（一八一―一八六頁）によると、氏は新御殿の縁側の縁板を詳細に調査し、これまで人々が問題として来た縁板末広がりの原因を見出そうとしたが、その結果、この縁側は最初板敷であって、幅四寸六分の榑板が十二枚並び、端の一枚が二寸九分であったのを、後にその中央に欅の框を入れ、框の内側に畳を敷いたのであろうという推測に到達した。末広がりになっている榑板は、框に添った一枚で、框を入れる際にそれに合わせて適当に削ったのであろうという。が森氏がそれを証明する際に、縁板のつなぎ目が通例は「風化して」いて、「ふれ合つた肩の傾斜が、ゆるく且つ鋭くない」のに対して、框に接した部分のみは「肩が急で、且つ鋭く、そのけずり口は真新しい感じがする」と言っているのを見ると、ちょっと考えさせられる。森氏の推定通りに認めても、新御殿の造営とその修補との間は十二三年に過ぎないのであるから、その後の三百年に比すると物の数ではない。それだのに、あげられた証拠は、両者の間に三百年の年月の相違があるかのようである。どうも変である。わたくしはやはりこの欅の框において、直線的なものの美しさを極力活かそうとした初代八条宮の意匠の名残りを認めたいと思う。

　しかし森氏が新御殿のうちに二代目八条宮の第二次造営の部分と十数年後の第三次造営の部分とを区別している見方は、まことに卓見だと思われる。御化粧間、衣紋所、納戸、手水間、厠、湯殿などは第二次造営のままであり、一の間の上段、桂棚、附書院、二の間との境の月字欄間、寝間の剣璽棚などは、第三次造営の際の修補に属するというのである。氏はまたこの両者の間に著しい芸術的様式の相違を認め、第二次造営までは桂別業本来の簡素な意匠によって貫かれているに対して、第三次造営の際には、かなり質を異にした華麗な意匠が入ってくると言っている。この見方もまことに尤もに思われる。

　新御殿のうちの第二次造営に属する部分を以上のように見てくると、前に言及した八条宮妃の縫殿宛消息の文が、今更のように意味深く響いてくる。それは、

　昨日は若《わか》宮様へ初《はじ》めて参《まい》りて見候へば、念《ねん》入にて祝《いわい》入候。過分さ、目出度《めでたく》、幾久敷《いくひさしく》。いよいよ思《おぼ》し召す儘《まま》の御様子《ようす》と祝入参《まい》らせ候。存《ぞん》じ候よりも御ひろ〳〵と御勝手《かって》よく御座《ござ》候事、一入一入目出度《めでたさ》、めつらしき所にて慰《なぐさ》み参《まい》らせ候。

というのだそうであるが、思ったよりもひろびろと勝手よく出来ているという評語によって直ちに念頭に浮んでくるのは、右にあげた新御殿の縁側のひろびろとした感じや、衣紋所、納戸、手水間、厠、湯殿などの、いかにもゆったりしていてしかも使い勝手の好さそうな作り方などである。それらが「いよ〳〵思し召す儘の御様子」と呼ばれていることのうちに、われわれは、初代八条宮以来の一貫した意匠を推測したのであったが、新御殿の古書院中書院に対する関係を以上のように見てくると、右の推測が決して行き過ぎではなかったと感ぜざるを得ないのである。

二代目八条宮や初代八条宮妃の意図された桂別業第二次造営は、右のような新御殿の建築やその南西方面への池の掘り広げなどのほかに、なお蘇鉄山うらの外腰掛や、そのそばの長大な敷石道（延段）などの工作、松琴亭横外山の中の新川の開鑿や、その外側の丘の上の中立の腰掛まんじ亭の築造などをも含んでいるとのことである。しかしこれらは形の上で新御殿と関係がないので、別箇の問題として、他の残された問題と共に、余録に譲ることにしよう。

余　録

前章の終りに言及した蘇鉄山うらの外腰掛は、松琴亭の茶室へはいる客の待合として作られたものである。しかしそれが最初茶室を作らせた初代八条宮によってでなく、茶室よりは多分十七八年も遅れて、二代目八条宮によって作られたということには、相当に意味があるであろう。二代目八条宮は、新御殿の建築や庭園の改造に着手する前に、わざわざ堺まで利休の作った囲や数寄屋を見に行かれたという。そういう関心がこの腰掛待合として現われて来たのであるとすると、そこには初代八条宮になかった何かが附け加わって来ているかも知れない。随って初代八条宮の敢てしなかったことを、二代目八条宮が敢てすることになったのであろう。それはつまり庭園のこの部分を茶室の露地らしく作りなおすということである。

外腰掛は皮付黒木の柱で茅葺屋根を支えた簡単な建物であるが、それでもその茅葺屋根は、棟にも軒にも反りを見せ、それを受ける柱はかなりに曲っていて、あまり直線の支配を感じさせないものである。それはこの腰掛待合の核心をなすものが、左手後方にある砂雪隠で、不規則な自然石を組み合わせ型通りの便所としたものであることを思うと、当然のことのように思われる。

がそれに比べると、この外腰掛の前をほぼ南北に走っている敷石道は、幅半間、長さ九間の太い直線となって、著しく人目をひくように感じられる。この敷石は、長い広い切石や、直径一尺あまりの自然石や、拳位の大きさの小石などを、混え敷いたもので、特に「延段」と呼ばれるのだそうであるが、古書院の周辺に敷かれている延段に比べると、長大な切石が混えてあるだけ感じが固くなって居り、しかも建築のそばでなく庭の真中であるためか、遥かに強く直線を感じさせるのである。それは或は古書院御輿寄前の壺庭の、切石のみを組み合わせた敷石道（このやり方は畳石と呼ぶのだそうであるが）を眼中に置き、それと対抗する意識を以て作られたのであるかも知れぬ。この畳石が「真」の敷石道であるならば、外腰掛前の延段は「行」の敷石道といえるかも知れない。もしそうであるならば、この延段は、二代目八条宮の意匠をかなり明瞭に示すものといえる。

御輿寄前の壺庭と異なって、ここは蘇鉄山と滝口との間の広い庭である。随って、真の敷石道が中門から御輿寄前の石段までの限られた間を実際に必要な敷石道として敷設せられているのに反し、この行の敷石道は、どこからどこまででなくてはならないという制限もなければ、またここがこれほどに広い敷石道でなくてはならないという必要もない、いわば自由裁量の余地の多い道なのである。だからそれは全部飛石であってもよかったであろうし、また延段を作るとしても、半分の長さでもよかったであろう。それを真の敷石道よりも五割増の九間の長さにして、しかもその両端を行き止りとし、そこに石灯籠や桝形手水鉢などを据えたことは、庭の広さに対応してこの延段がもっともっと長いものであり得ること、それを止める努力によってやっとこの程度で止まったのであることを示すように思われる。茶室への通路は、そういう延段へ途中から入って、また途中から抜けるのであって、延段を端から端まで使っているわけではない。途中から入るのだということを念を押して示しているのは、外から人を導いて来た飛石がこの延段の肩のところへつながる箇所に置かれている、二つの巨大な飛石である。延段に近い方が大きく、九尺七寸に六尺五寸の広さだという。そういう人目を驚かす形象によって、延段の途中へ入るのだということを、はっきり意識させるようになっている。とするとこの延段は、茶室への通路にも利用されるが、それだけのものではなく、それ自身の存在意義を持つことになる。つまりこの延段は、その直線的な形に於て物を言おうとしているのである。茶室の前の白川石の直線的な橋と同じ意匠が、茶室への露地の要所にも現われて来たのである。

以上の第二次造営は正保二年（一六四五）を中心として前後数年の間に行われたと推定されているが、この普請を夫の良如僧正と共に賞美していられた妹の梅宮は、その完成後間もなく慶安元年（一六四八）に二十九歳で歿せられた。二代目八条宮や母妃常照院殿はさぞ力を落されたことと思われるが、しかし二代目八条宮の庭普請に関した興味は依然として続いていたらしく、慶安二年に有馬へ湯治に行かれた時には、河原へ飛石を見立てに行かれたとか、慶安四年には、『隔蓂記』の記者鳳林承章のところへ、河原の石のことで使を出されたとか、いろいろ記事があるそうである。だから庭などに毎年少しずつ模様替があったろうことは、ほぼ推測することが出来る。

　このように加賀前田家からの富姫の輿入れは、二代目八条宮を初代の場合と同じように桂別業の造営にかり立てて行ったのであるが、しかし富姫には子がなかった。で輿入れ後十二年を経た承応三年（一六五四）に至って、後水尾上皇第九子、当時十二歳の穏仁親王を八条宮家の嗣子として迎えることになった。前に二代目八条宮は後水尾上皇の猶子、富姫は女御東福門院の猶子として結婚されたのであるから、後水尾上皇と八条宮との関係はますます深まって来たわけである。その結果、四年後の明暦四年（一六五八）三月に、桂別業は後水尾上皇の御幸をうけることになった。当時、天皇、上皇、将軍などの来訪を受ける場合には、種々の新築や新設によって待ち受けるのが礼となっていたので、その習わしに従って、桂別業もこの機会に第三次造営を受けるに至ったのである。

この際新築された第一のものは御幸門であったが、これは早くなくなった。今あるのは第七代家仁親王の時の再建で、ずっと規模が小さくなっているという。

第二は御幸道で、御幸門の内側から真直に中門の方へ来る小石の敷石道、及びその道から朱塗欄干の大橋の方へ分岐している同様の敷石道だという。この工事は輿をかき入れるための鋪装工事であったらしい。この道は今もそのまま残っているという。

第三は新御殿内部の改造で、上段の間、桂棚、その他卍字崩欄間、月字型引手、水仙釘隠などがこの時の作であるという。

第四は大勢のお伴を接待するための笑意軒の新築である。

これらは派手好みの後水尾上皇の意を迎えて、第二次造営までの桂別業の意匠と著しく異なった、技巧過多のものになっている、といわれる。果して後水尾上皇の好みにそれほどの責任があるかどうかは、よほど丹念に調べて見なくてはならないと思うが、それを別にしても、古書院より中書院が、中書院より新御殿が、更に新御殿のうちでも上段の間や桂棚などが、漸次より多く手のかかったものになっていることは事実である。それは八条宮の背後にあって普請を支持したものの、財力の段階を示すのであるかも知れない。即ち近衛家よりも京極家が、京極家よりも前田家が、財力において優れていたことの反映でもあるであろう。しかしこの頃に時代もまた眼に見えて贅沢になって行ったことを考え合わせなくてはなるまい。初代八条宮が初めて瓜畑のかろき茶屋を営まれた時から考えると、この第三次造営は元禄時代の方へ近くなっている。桂棚の豪奢なやり方にもよほどそういう時代の匂がする。

　しかし桂離宮の建築の美しさはその簡素なところにあるのであるから、豪奢になったからと云って美しさを増したというわけには行かない。その最もよい証拠がこの桂棚であろう。これは紫檀、黒檀、鉄刀木《タガヤサン》、檳榔、伽羅若木、その他いろいろの名木珍木《めいぼくちんぼく》を集めて作られているのだそうであるが、それによって何か特別の美しさを作り出しているとは見えない。むしろ名木などへの興味に囚われたための煩わしさがそこに現われているであろう。桂離宮の特徴である簡素な美しさは、いつも形の鮮やかさを伴っているのであるが、ここにはその鮮やかさがなく、いかにもゴタゴタした感じになっている。

　このゴタゴタした感じは、数多くの名木を並べるという興味のみならず、また意匠の過冗からも来ているであろう。四五種類の、形や大きさを異にした袋戸棚を、思い切って高さの違った違い棚と組み合わせるということは、それ自身非常に工夫を要することであるかも知れないが、しかしそれにうまく成功したところで、根本の意図の無意味さを救うことは出来ないであろう。というのは、違い棚や袋戸棚は複雑である必要のないものなのである。だからこれほどに念の入った桂棚も、中書院一の間の簡素な違い棚や袋戸棚ほど美しくはないのである。新御殿の中でも、第二次造営の時のままである化粧の間の違い棚や袋戸棚の方が、まだまだ簡素で美しい。

桂棚に比べると、この棚に隣っている附書院の方は、よほどあっさりしているといえる。それは上部を櫛形の曲線で限った窓の下に、机として使える一間の棚をつけ、その棚の下を板戸にして夏は開け放せるようにしたものである。櫛形の窓の曲線は、近くの西芳寺の湘南亭の茶室の附書院の窓と同じ形だそうであるが、ごくあっさりとしていてうるさい感じを与えない。窓下の棚に至っては、必要にして十分なだけのものである。しかしそれでも、この附書院を中書院一の間の違い棚と調子の合ったものにするためには、窓の上部の櫛形をやめなくてはなるまい。


明暦四年に後水尾上皇の御幸があってから三年後の寛文元年（一六六一）に、常照院殿が歿せられ、翌寛文二年に、続いて二代目八条宮が四十四歳で歿せられた。これで初代八条宮以来桂離宮の造営に密接な関係を持たれた方々は、悉く世を去られたことになる。が、三代目八条宮穏仁親王は後水尾上皇の実子なのであるから、その関係でか、寛文三年には、三月と十一月との両度、桂別業は後水尾上皇の御幸を迎えている。桂別業と後水尾上皇との関係が非常に深くなって来たわけである。

後水尾上皇が大老酒井忠勝に宛てて修学院の茶屋とか処々の寺とかへの外出の自由を要求されたのは、承応三年（一六五四）であった。その年に上皇の特に愛していられた後光明天皇が二十二歳の若さで天然痘のために夭折されたので、その打撃で気鬱病が重り、それの保養のために手軽な遊山が必要となったのである。幕府がそれにどう答えたかは明かでないそうであるが、翌明暦元年あたりから、修学院への御幸がしばしば行われるようになっているという。明暦四年の桂への御幸もそういう傾向の現われであろうし、寛文三年の春と秋の両度の御幸もその続きであろう。寛文三年には後水尾上皇はすでに六十八歳になっていられたが、しかしこの後まだ二十年近く、八十五歳まで生きられた方であるから、桂離宮に濃厚に後水尾上皇の色彩が現われて来たということも、当然の勢であろう。

翻って考えて見ると、初代八条宮が最初下桂瓜畑の茶屋に近衛信尋を招待されたのは、後水尾天皇の引起されたおよつ御寮人事件が漸く表面化しそうになった時であった。ついで「下桂茶屋普請スル」と決定されたのは、およつ御寮人事件の解決と関係のある女御東福門院の入内の当日であった。この入内と近衛家の後援とが、桂別業の起工に密接な関係を持っているらしい。その後第一次造営が終り、初代八条宮が歿せられた寛永六年に、半年遅れて後水尾天皇も退位された。寛永の年号はその後なお十四年の間続いているが、その間在位された明正天皇は、東福門院の御腹の女一宮である。ついで二代目八条宮の第二次造営の行われた正保年間は、東福門院の御腹ではないが、後水尾上皇の皇子がやっと十二歳になられて、即位されると共に始まったのであった。その後光明天皇が十年後に崩ぜられて、それが、前述のように、後水尾上皇の桂御幸の機縁となったのであった。こう考えてくると、桂離宮の造営と後水尾天皇との間にも、かなり深い縁があるといわなくてはならない。

以上桂離宮の第一次、第二次、第三次の造営を通じて、ここに取上げそこなった問題は、なお多数に残っている。中でも庭園建築のなかの月波楼や笑意軒は、かなり大きな問題である。

月波楼は月見の茶屋として建てられたもので、古書院の月見台と同じ方向に向いているが、池を広く眺め渡す点では、この方が形勝の位置を占めているといえるかも知れない。初代八条宮が池を掘り始めると共に最初に計画されたのは古書院であろうから、その月見台が幾秋か用いられて来た後に、それを補う意味で新しく考えつかれたのがこの月波楼ではないかと思われる。それは多分松琴亭に茶室が附設された頃のものであろう。池を距てて対岸から眺めると、古書院の大きい屋根のゆったりとしたふくらみが目立つのに対して、月波楼の屋根は直線的で、いかにも軽快に見える。実際は極めて軽微なふくらみを持っているらしいが、柿葺の屋根が薄くて切れが鋭いせいか、むしろ直線的平面的に見えるのである。そうしてまたその印象を強めるかのように、月波楼の池に面した側《がわ》には、鋭く直線的に刈り込んだ生垣が、軒の線と平行して、二重に走っている。

それで気がついて眺め廻して見ると、そういう直線的な刈り込み生垣は、月波楼の周囲には非常に多いのである。もしこれらが初めからの形であったとすれば、この月波楼は直線の支配の始まった時期に作られたものであろうと推測せざるを得なくなるように思われる。

外観のみでなく、月波楼の内部もそういう印象を与える。東北向きの狭い一の間に天井が張ってあるほか、東南向きの、多分月見の室であったろうと思われる中の間も、それに続いた次の間も、土間も、膳組の板間も、すべて化粧屋根裏で、屋根裏地の葭、それを縦横に押えている細竹、それを更に下から支えている太い丸竹、それらを更に全体として支える丸竹や丸太などが、皆あらわに見える。それらの悉くが直線に近い線なのである。その間にわざと曲った皮付の樫丸太が棟木の支えとして使ってあるが、その曲りがひどく人目につくのは、周囲の数多い直線の故であろう。しかし、それほど数多い線でありながら、うるさい感じは与えない。

これらがどの程度に最初の形を伝えているかはわたくしには解らないが、現状に即していえば、直線の支配がここでは最も軽快な姿に現われているといえるであろう。

それに比べると笑意軒の方は幾分重々しくなるが、しかし直線の支配という特徴は、同じように認められるかと思う。

笑意軒は新御殿前の広芝やそれに続く直線的な馬場跡の南方にあるのであるから、それに近づいて行くものは直線の支配する世界の方から近づいて行くわけになる。その関係か、笑意軒の周囲にも、直線的に刈り込んだ脊の高い生垣とか、直線的に走る長い敷石道とか、水際に直線的に切石を並べた舟着場とかが作られている。笑意軒はそういう直線のどれかと一緒に眼に入ってくるわけであるが、その茅葺の屋根の線とか、軒端の横の線とか、柿葺の庇の線とかは、皆直線で、或は平行し、或は直角に交わるように見える。これが笑意軒の第一印象である。

笑意軒の建物の第一の特徴は、その北側、即ち舟着場に面した方に、松琴亭の正面と同じような土庇をつけ、そうして松琴亭とはかなり違った趣を出していることである。その相違は、踏石や飛石の置き方が松琴亭の場合よりも砕けて見えること、その飛石の間に松琴亭の場合のように砂利を敷いていないこと、随って土庇のはずれに切石で境界線を作る必要はなく、その代りにちょうどその場所に三尺幅位の広い敷石道（延段）が真直に通っていることなどであろう。建物の方にもそれに応じて幾分の相違がある。土庇の柱や桁に皮付のままの自然木を使う代りに、磨丸太を使っている点など、著しく目立つところである。また丸竹の棰の押えている小舞が細竹でなく木になっていることも、よほど感じを変えているかも知れない。それらに加えて、土庇の方に見えている壁に、丸や矩形などの数多くの下地窓がつけられていることは、松琴亭の土庇にはないことであった。

そのほかこの建物には、竹の連子窓とか、竹縁の端に立ててある高い竹の連子とか、強く直線の並列を印象するものもあって、内外ともに直線の支配がよほど顕著である。随ってこの建築は、たとい桂棚と同じ時のものであったとしても、桂棚よりはずっと簡素で、中書院以来の意匠がしっかり脊骨として通っているように思われる。もし中書院の縁側の改造、即ち勾欄を撤去してそこへ外障子を嵌めたのが、同じくこの時の仕事であったとすれば、そういう仕事とこの笑意軒の建築とは、同じ人の同じ意匠によってなされたといえるかも知れない。そうしてそういうところに、二代目八条宮や常照院殿などの好みが、案外にはっきりと出ているのかも知れない。

なおこのほかに、この庭中での最も高い場所である最大の中島の頂上に、賞花亭という小さい建物がある。もと八条宮の今出川の本邸にあったものを、二代目八条宮の時にこの地に移したというのであるから、もとは初代八条宮の意匠になったのであるかも知れない。峠の茶屋の趣向だそうであるが、直線の支配が案外にはっきりと出ていて、中々馬鹿にならないものである。

なおそのほかに庭では手水鉢、石灯籠、建築では裏廻りの室や廊下、襖の絵、違い棚や建具の金具など、注意すべきものが非常に多いのであるが、それらの一々を省みているときりがないので、余録もこの程度で止めることにしよう。

収載図版

『桂離宮』昭和三十三年九月　中央公論社刊

中公文庫

桂《かつら》離《り》宮《きゅう》
——様式《ようしき》の背後《はいご》を探《さぐ》る

1991年4月10日　初版発行
2011年2月25日　改版発行

著　者　和《わ》辻《つじ》哲《てつ》郎《ろう》

発行者　浅海　保

発行所　中央公論新社
〒104-8320　東京都中央区京橋2-8-7
電話　販売 03-3563-1431　編集 03-3563-3692
URL http://www.chuko.co.jp/

印　刷　三晃印刷

製　本　小泉製本

Published by CHUOKORON-SHINSHA, INC.
Printed in Japan　ISBN978-4-12-205447-9 C1170

定価はカバーに表示してあります。
落丁本・乱丁本はお手数ですが小社販売部宛お送り下さい。
送料小社負担にてお取り替えいたします。

各書目の下段の数字はISBNコードです。978－4－12が省略してあります。

中公文庫既刊より

う-3-7
生きて行く私
宇野千代
〝私は自分でも意識せずに、自分の生きたいと思うように生きて来た〟ひたむきに恋をし、ひたすらに前を見つめて歩んだ歳月を率直に綴った鮮烈な自伝。
201867-9

う-3-12
私はいつでも忙しい
宇野千代
身辺のこと、親しい人たちとの想い出、日常のこまましたことを楽しむ気持ち――人生の終盤を迎えながらも老いを感じさせないみずみずしいエッセイ集。
204341-1

う-3-13
青山二郎の話
宇野千代
独自の審美眼と美意識で昭和文壇に影響を与えた青山二郎。半ば伝説的な生涯が丹念に辿られて、「じいちゃん」の魅力はここにたち現れる。〈解説〉安野モヨコ
204424-1

う-3-14
おはん・風の音
宇野千代
妻と愛人、二人の女に惹かれる一人の男。人を愛することの悲しさと難しさ、そこに営まれる情痴の哀愁を美しい上方言葉で描く「おはん」に「風の音」を併録。
205084-6

う-9-4
御馳走帖
内田百閒
朝はミルク、昼はもり蕎麦、夜は山海の珍味に舌鼓をうつ百閒先生の、窮乏時代から知友との会食まで食味の楽しみを綴った名随筆。〈解説〉平山三郎
202693-3

う-9-5
ノラや
内田百閒
ある日行方知れずになった野良猫の子ノラと居つきながらも病死したクルツ。二匹の愛猫にまつわる愛情と機知とに満ちた連作14篇。〈解説〉平山三郎
202784-8

う-9-6
一病息災
内田百閒
持病の発作に恐々としつつも医者の目を盗み麦酒をがぶがぶ……。ご存知百閒先生が、己の病、身体、健康について飄々と綴った随筆を集成したアンソロジー。
204220-9

う-9-7
東京焼盡
内田 百閒
空襲に明け暮れる太平洋戦争末期の日々を、文学の目と現実の目をないまぜつつ綴る日録。詩精神あふれる稀有の東京空襲体験記。
204340-4

う-9-8
恋 日 記
内田 百閒
後に妻となる、親友の妹・清子への恋慕を吐露した恋日記。十六歳の年に書き始められた幻の「恋日記」第一帖ほか、鮮烈で野心的な青年百閒の文学的出発点。
204890-4

う-9-9
恋 文
内田 百閒
恋の結果は詩になることもありませう——百閒青年が後に妻となる清子に宛てた書簡集。家の反対にも屈せず結婚に至るまでの情熱溢れる恋文五十通。〈解説〉東 直子
204941-3

お-41-2
死者の書・身毒丸《しんとくまる》
折口 信夫
古墳の闇から復活した大津皇子の魂と藤原郎女との交感を描く名作と「山越しの阿弥陀像の画因」。高安長者伝説から起草した「身毒丸」。〈解説〉川村二郎
203442-6

お-41-3
言語情調論
折口 信夫
和歌言語の真相に迫った、折口の若き日々の思索をまとめた書。音と調べからやまとことばの本質を捉えようとする姿勢は比肩するものがない。〈解説〉岡野弘彦
204423-4

お-41-4
かぶき讃
折口 信夫
防空壕の中で死んだ中村魁車、上方歌舞伎の美の結晶実川延若、そして六代目尾上菊五郎。役者論を軸に、豊穣な知と鋭い感性で描いた劇評集。〈解説〉中村獅童
204461-6

か-18-5
人よ、寛《ゆるや》かなれ
金子 光晴
すべて楽観的に考えて、せせこましくなく生きることだ——漂泊の詩人であり、自称・不良老人の金子光晴の本領が発揮された滋味溢れる晩年随筆集。
204250-6

か-18-6
這《は》えば立て
金子 光晴
明治・大正・昭和を駆け抜けた反骨の詩人・金子光晴。「幼時からこの間のこと」を綴った表題作を中心に、今もなお色あせることのない晩年の随筆を収録。
204399-2

各書目の下段の数字はＩＳＢＮコードです。978－4－12が省略してあります。

か-18-7
どくろ杯
金子光晴
『こがね蟲』で詩壇に登場した詩人は、その輝きを残し、夫人と中国に渡る。長い放浪の旅が始まった――青春と詩を描く自伝。〈解説〉中野孝次
204406-7

か-18-8
マレー蘭印紀行
金子光晴
昭和初年、夫人三千代とともに流浪する詩人の旅はいつ果てるともなくつづく。東南アジアの自然の色彩と生きるものの営為を描く。〈解説〉松本　亮
204448-7

か-18-9
ねむれ巴里
金子光晴
深い傷心を抱きつつ、夫人三千代と日本を脱出した詩人はヨーロッパをあてどなく流浪する。『どくろ杯』につづく自伝第二部。〈解説〉中野孝次
204541-5

か-18-10
西ひがし
金子光晴
暗い時代を予感しながら、喧噪渦巻く東南アジアにさまよう詩人の終りのない旅。『どくろ杯』『ねむれ巴里』につづく放浪の自伝。〈解説〉中野孝次
204952-9

か-18-11
世界見世物づくし
金子光晴
放浪の詩人金子光晴。長崎・上海・ジャワ・巴里へと至るそれぞれの土地を透徹な目で眺めてきた漂泊の詩人が綴るエッセイ。
205041-9

く-7-11
古代史の迷路を歩く
黒岩重吾
日本の古代国家はどのようにして成立したか。神武東征説話、崇神王朝、継体天皇、蘇我氏、聖徳太子等二九の論点から、巨大な謎を鋭く推理探究する。
201296-7

く-7-14
北風に起つ　継体戦争と蘇我稲目
黒岩重吾
六世紀初頭、大和をねらう男大迹王＝継体と新時代に大望を抱く蘇我稲目。大王位を巡る男の戦いは知略をつくして繰り広げられる。〈解説〉磯貝勝太郎
201851-8

く-7-16
茜に燃ゆ　小説額田王（上）
黒岩重吾
大化改新後の飛鳥。富国強兵に心血を注ぐ中大兄皇子と弟大海人皇子の前に、すみれの花の匂いとともに、黒眼がちの額田王が現れ、皇子を恋に陥れた。
202121-1

く-7-17
茜に燃ゆ　小説額田王（下）
黒岩重吾
壬申の乱に至る訌争で、天智は弟から額田王を奪う。両帝の妃という数奇にあってなお、誇り高く生きた万葉歌人の境涯を描く長篇。〈解説〉佐古和枝
202122-8

く-7-18
紅蓮《ぐれん》の女王　小説推古女帝
黒岩重吾
恋の激情に身をゆだねる炊屋姫、強敵物部氏を滅亡に追いこむ政治家蘇我馬子。女帝即位に至る古代の人間群像を鮮烈に描く。〈対談〉尾崎秀樹・黒岩重吾
202388-8

く-7-19
天の川の太陽（上）
黒岩重吾
大化の改新後、政権を保持する兄天智天皇の都で次第に疎外される皇太弟大海人皇子。古代日本を震撼させた未曾有の大乱を雄渾な筆致で活写する小説壬申の乱。
202577-6

く-7-20
天の川の太陽（下）
黒岩重吾
大海人皇子はついに立った。東国から怒濤のような大軍が近江の都に迫り、各地で朝廷軍との戦いが始まる…。吉川英治文学賞受賞作。〈解説〉尾崎秀樹
202578-3

く-7-21
天翔《あまかけ》る白日《はくじつ》　小説大津皇子
黒岩重吾
皇位を継ぐのは誰か――新国家造りをめざす天武天皇の宮廷に渦まく愛憎と権謀。文武に秀で自由闊達な大津皇子の悲劇的生涯を描く。〈解説〉清原康正
202713-8

く-7-22
斑鳩王《いかるがおう》の慟哭《どうこく》
黒岩重吾
推古女帝との確執のはてに聖徳太子は晩年をむかえる。蘇我一族との対立と、上宮王家滅亡の謎を鮮かに解いた黒岩古代史小説の巨篇。〈解説〉清原康正
203239-2

て-2-2
花嫁化鳥《けちょう》
寺山修司
大神島の風葬、青森のきりすとの墓など、日本各地の奇習・因習をたずね、うつつと夢のあわいを彷徨しながら日本人の原風景をさぐる。〈解説〉三浦雅士
205073-0

み-22-4
アジア史概説
宮崎市定
東西アジア、インド、日本等の異質文明が交通という紐帯によって結び、競いかつ補いあいながら発展したアジアの歴史を解明する。〈解説〉礪波　護
201401-5

各書目の下段の数字はＩＳＢＮコードです。978－4－12が省略してあります。

み-22-7
大唐帝国 中国の中世　宮崎市定
暗黒の中世に東アジア諸民族の政治・文化の根幹を築いた唐王朝。中国中世七百年に及ぶ誕生から滅亡までを詳述する、中世史の労作。〈解説〉礪波　護
201546-3

み-22-10
水滸伝 虚構のなかの史実　宮崎市定
「読まされた」四書五経に対し「隠れてでも読んだ」水滸伝。少年ファンだった著者が歴史と虚構を対比させてその魅力を解き明かす。〈解説〉礪波　護
202055-9

み-22-11
雍《よう》正《せい》帝《てい》 中国の独裁君主　宮崎市定
康熙帝の治政を承け中国の独裁政治の完成者となった雍正帝。その生き方から問う、東洋的専制君主とは？「雍正硃批諭旨解題」併録。〈解説〉礪波　護
202602-5

み-22-15
東洋的近世　宮崎市定　礪波　護編
東洋と西洋を対等に見比べ、内藤湖南の宋代近世説を継承発展させた史論および社会経済の観点から近世の特色を論述した諸篇ほか。〈解説〉礪波　護
203445-7

み-22-16
東洋的古代　宮崎市定　礪波　護編
中国の文化・社会を世界的な立場からヨーロッパ、西アジアと対比して考察、史記の叙述法を考証し、さらに二つの研究回顧録を収録。〈解説〉礪波　護
203597-3

み-22-17
遊心譜　宮崎市定
遊心譜という名は、偶然思いついた言葉である——中国とソ連への直言、図書・典籍に関する話、知友の列伝、自伝まで、六十年に亘るエッセイ。
203819-6

み-22-18
科挙 中国の試験地獄　宮崎市定
二万人を収容する南京の貢院に各地の秀才が集ってくる。老人も少なくない。完備しきった制度の裏の悲しみと喜びを描き凄惨な試験地獄の本質を衝く。
204170-7

み-22-19
隋の煬帝《ようだい》　宮崎市定
父文帝を殺して即位した隋第二代皇帝煬帝。中国史上最も悪名高い皇帝の矛盾にみちた生涯を検証しつつ、混迷の南北朝を統一した意義を詳察した名著。
204185-1